Zebra

Deutsch als Zweitsprache
Arbeitsheft Wortschatz

Autorinnen:
Lena Franke
Carolin Gerdom-Meiering

Ernst Klett Verlag
Stuttgart · Leipzig · Dortmund

Inhalt

1 ⌐ Lies.

Ich heiße __Franz__ .

So alt bin ich: ⊠ ☐ ☐ ☐ ☐ ☐

Das bin ich.

Meine Augenfarbe ist: ⊠ ☐ ☐ ☐ ☐

Meine Haare sind mein Fell.

Meine Haarfarbe ist: ☐ ☐ ☐ ☐ ⊠

Meine Hufgröße: 30

Meine Lieblingsfarbe: ☐ ☐ ☐ ☐ ☐ ☐ ⊠ ☐

Mein Lieblingstier:

1 ✏ ✗✏ Fülle den Steckbrief aus.

Ich heiße _____ .

So alt bin ich: ☐ ☐ ☐ ☐ ☐ ☐

Das bin ich.

Meine Augenfarbe ist: ☐ ☐ ☐ ☐ ☐

Meine Haarfarbe ist: ☐ ☐ ☐ ☐

Meine Schuhgröße: ___

Meine Lieblingsfarbe: ☐ ☐ ☐ ☐ ☐ ☐ ☐ ☐

Mein Lieblingstier:

Farben

 *Was ist deine Lieblingsfarbe?*

Meine Lieblingsfarbe ist 🌸.

die Farben

○ **1** 🗣 👄 ✏️ Höre und sprich nach. Nummeriere.

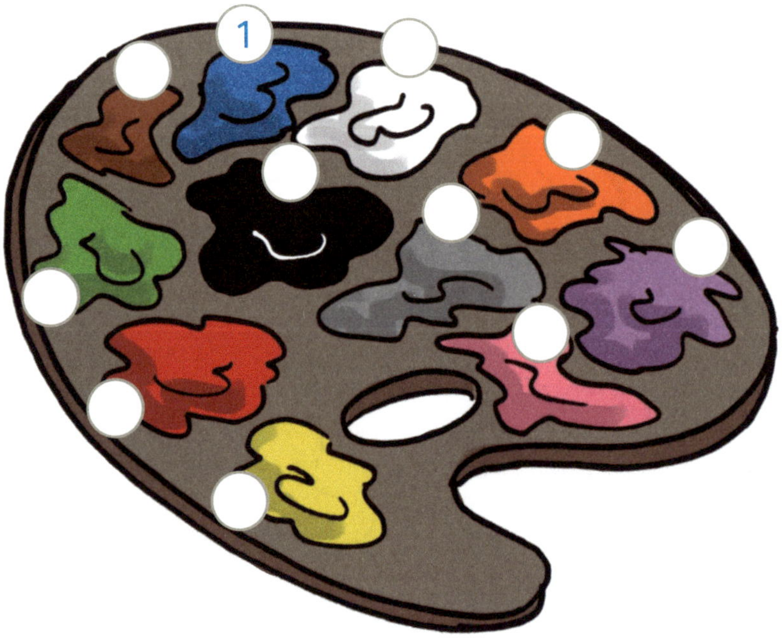

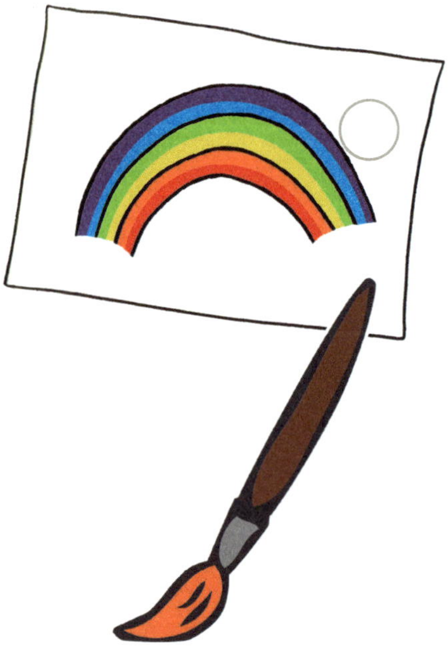

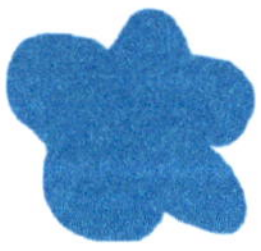

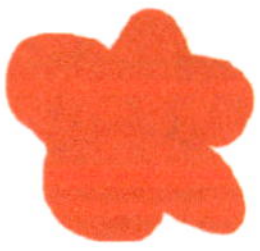

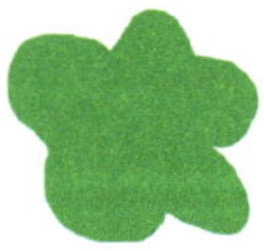

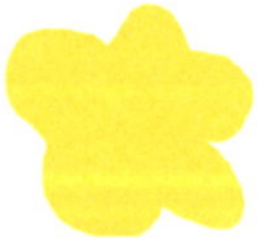

1	**2**	**3**	**4**
blau	rot	grün	gelb

5	**6**	**7**	**8**
rosa	lila	orange	braun

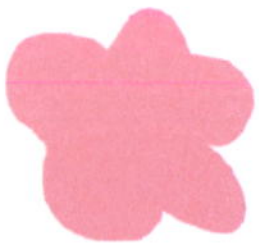

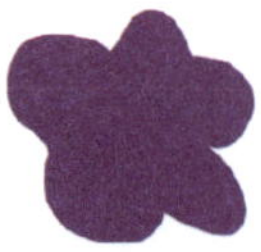

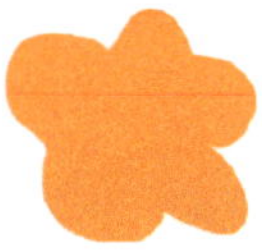

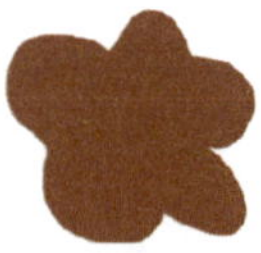

A23 🔊
A24 🔊
A25 🔊
A26 🔊

9	10	11	12
weiß	schwarz	grau	bunt

2 👓 ✏️ Lies und male an.

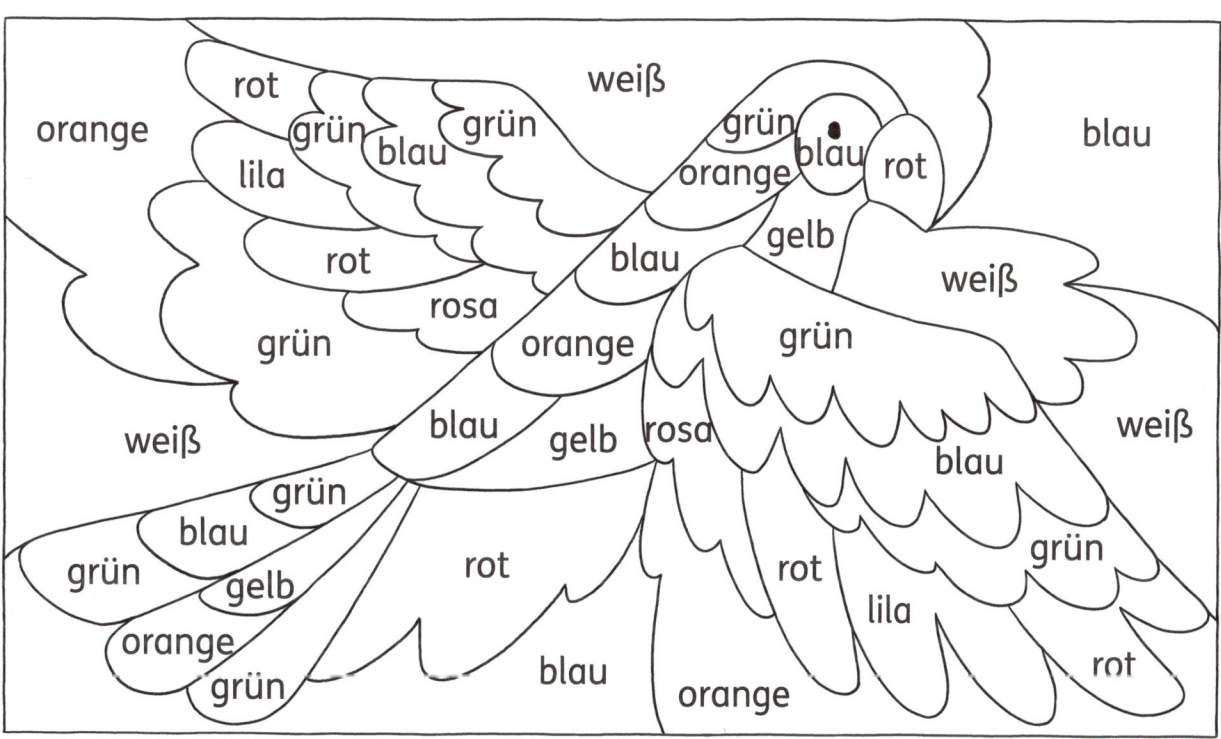

3 👆 👄 Zeige einen Stift. Welche Farbe hat der Stift?
Sprich mit einem anderen Kind über die Farben.

A27 🔊
A28 🔊

Welche Farbe ist das?

Das ist ⭐.

Welche Farben kennst du noch?

Farben

1 ✏️✏️ Verbinde und schreibe.

🔵 (blau)	bunt	_____
🔴 (rot)	blau	blau _____
🌈 (bunt)	lila	_____
🟡 (gelb)	rot	_____
⬜ (weiß)	orange	_____
🟣 (lila)	grau	_____
🟠 (orange)	gelb	_____
🟢 (grün)	weiß	_____
⬜ (grau)	grün	_____

1 ✏️ Verbinde und schreibe.

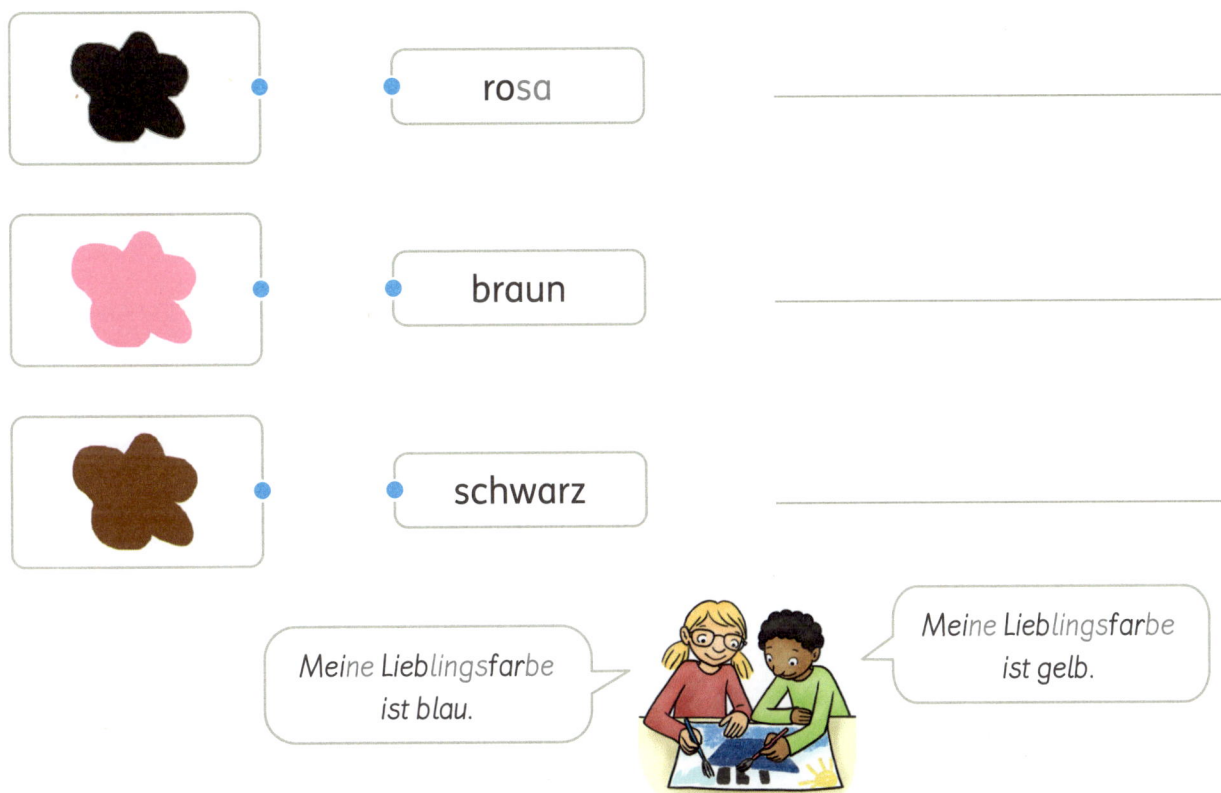

rosa _____

braun _____

schwarz _____

Meine Lieblingsfarbe ist blau.

Meine Lieblingsfarbe ist gelb.

2 👓 ✏️ Lies und kreuze an.

☐ weiß
☒ orange
☐ rot

☐ lila
☐ rot
☐ rosa

☐ schwarz
☐ blau
☐ weiß

☐ lila
☐ bunt
☐ grau

☐ gelb
☐ grün
☐ grau

☐ braun
☐ blau
☐ bunt

Alle sprechen mit

  1 👄✏ Frage andere Kinder. Fülle die Tabelle aus.

A29 🔊
A30 🔊

Was ist deine Lieblingsfarbe?

Meine Lieblingsfarbe ist 🌸.

Name	Lieblingsfarbe
Kim	rot

Meine Lieblingsfarben sind schwarz und weiß.

Meine Lieblingsfarbe ist bunt.

1 ✎ 🖊 Lies und markiere. Schreibe.

s	l	r	o	s	a	h	i	s
c	i	n	s	r	p	g	a	l
h	r	g	r	ü	n	e	x	p
w	e	k	s	n	h	l	r	b
a	o	r	f	n	z	b	e	l
r	u	b	l	b	u	z	t	a
z	h	y	f	l	w	o	m	u
o	s	o	r	a	n	g	e	h
t	b	f	n	u	d	r	e	i
g	w	e	t	s	m	g	e	l
w	e	i	ß	k	t	a	z	i

orange

2 ✎ 🖊 Lies und male an.

grau   lila   braun

bunt   rot   gelb

Zahlen

A31
A32
A33

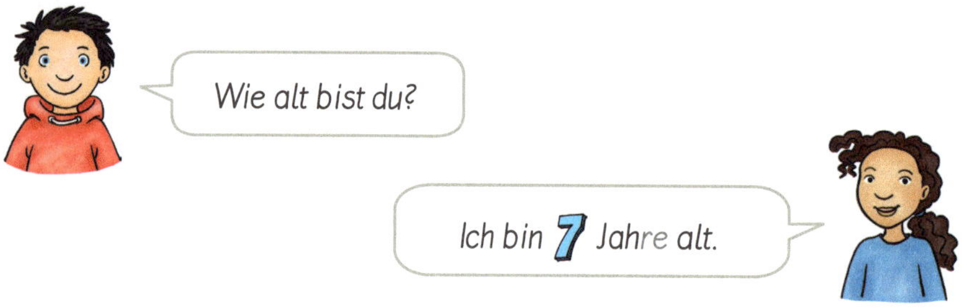

Wie alt bist du?

Ich bin 7 Jahre alt.

1 2 3

die Zahlen

○ **1** 👂 👄 ✏️ Höre und sprich nach. Nummeriere.

5 10 9 2
0 4 8 7
12 3 1 6 11

1	**2**	**3**	**4**
0	1	2	3
null	eins	zwei	drei

A34
A35
A36
A37

5	**6**	**7**	**8**
4	5	6	7
vier	fünf	sechs	sieben

A38
A39
A40
A41

A42 🔊
A43 🔊
A44 🔊
A45 🔊

9	10	11	12
8 acht	**9** neun	**10** zehn	**11** elf

A46 🔊

13
12 zwölf

Ich bin acht Jahre alt.

2 ✏️ Lies und male an. Kreuze an.

null → gelb ☒

drei → grün ☐

acht → blau ☐

fünf → orange ☐

vier → lila ☐

zehn → rot ☐

zwölf → grau ☐

3 👆 Zeige auf eine Zahl. Welche Zahl ist das?
Sprich mit einem anderen Kind über die Zahlen.

A47 🔊
A48 🔊

Welche Zahl ist das? 0

Das ist die Null.

Zahlen

1 ✏️ Verbinde und schreibe.

1	null	_____
0	eins	_eins_ _____
4	zwei	_____
2	drei	_____
3	vier	_____
8	fünf	_____
5	sechs	_____
6	sieben	_____
7	acht	_____

14

1 Verbinde und schreibe.

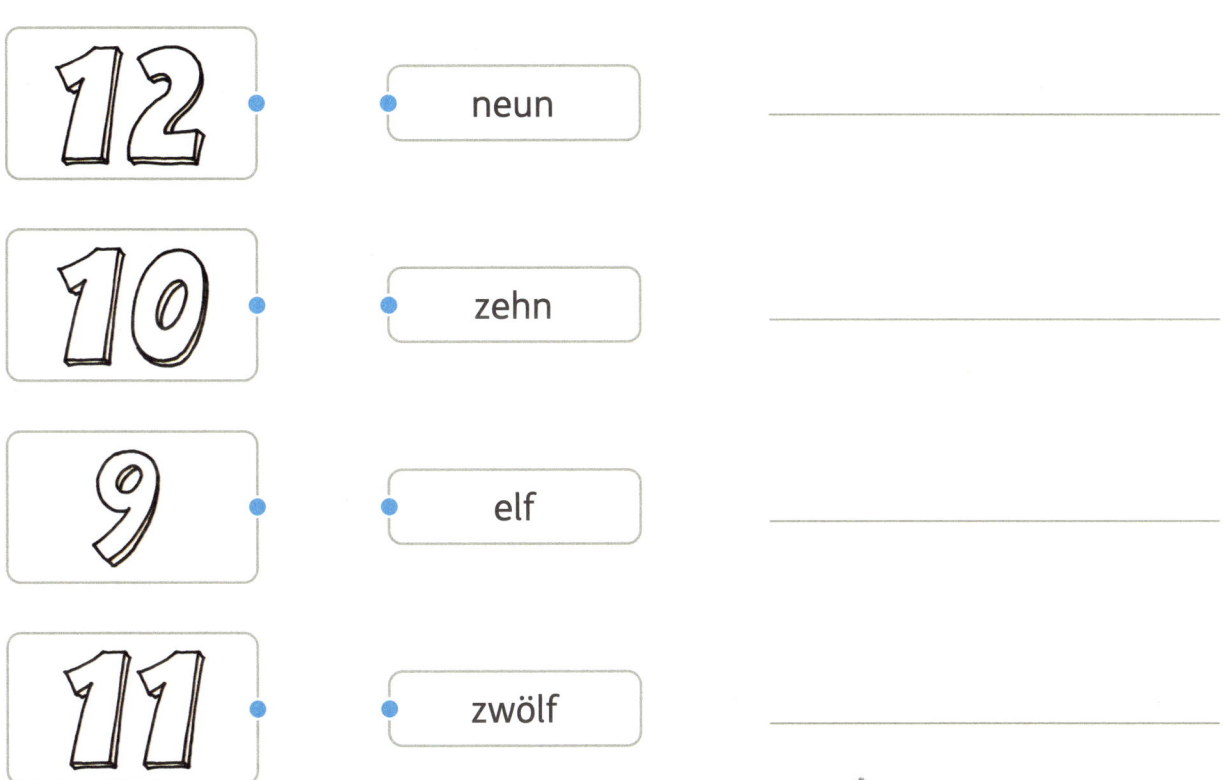

12	•	•	neun
10	•	•	zehn
9	•	•	elf
11	•	•	zwölf

Wie weit kannst du zählen?

2 Lies und schreibe. Streiche durch.

| elf | vier | acht | drei |
| ~~null~~ | fünf | sechs | neun |

0   3   4   5

null ____

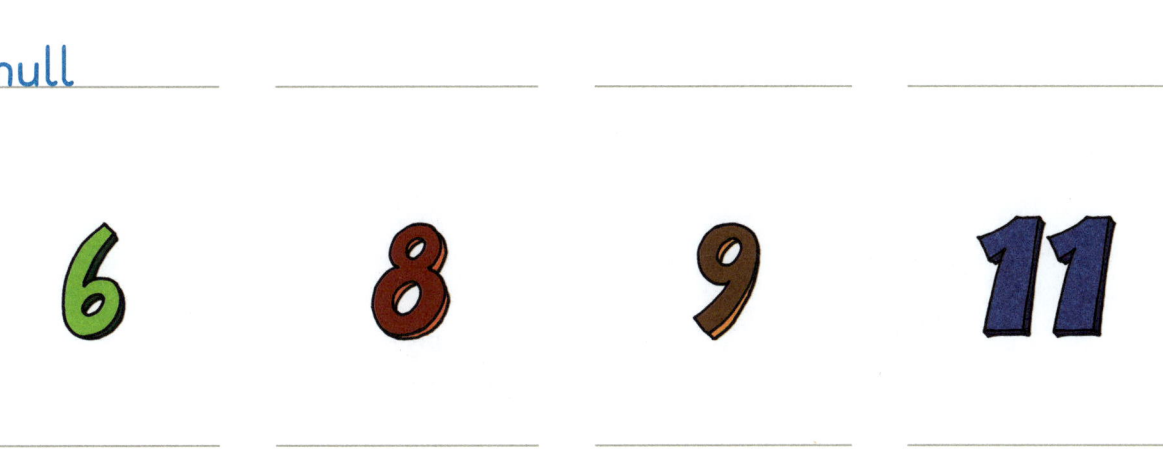

6   8   9   11

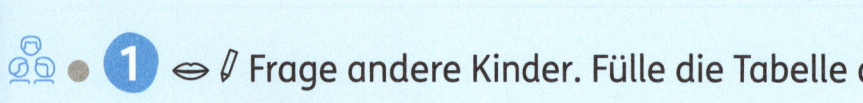

Alle sprechen mit

1 ✏️ Frage andere Kinder. Fülle die Tabelle aus.

A49 🔊
A50 🔊

Wie alt bist du?

Ich bin 7 Jahre alt.

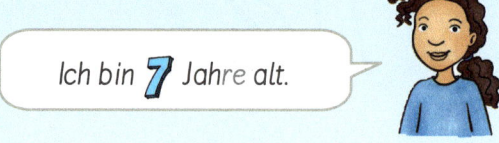

Name	Alter
Lina	sieben

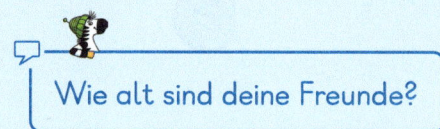

Wie alt sind deine Freunde?

1 Lies und markiere. Schreibe.

a	l	b	b	s	e	c	h	s
e	i	n	s	r	p	m	a	l
u	o	m	n	ü	s	q	x	p
i	e	k	s	n	h	k	r	i
v	o	r	f	n	z	w	e	i
i	u	b	e	a	o	z	t	s
e	h	y	f	i	w	o	m	r
r	s	b	ü	a	u	n	h	a
t	b	f	n	k	d	r	e	i
g	w	e	f	ß	m	g	e	l
s	d	s	l	h	w	a	r	i

eins _____

_____

_____

_____

_____

_____

_____

2 Wie alt bist du? Schreibe. Male Kerzen auf die Torte.

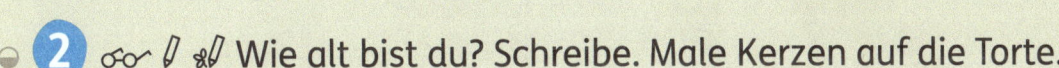

Ich bin _____ Jahre alt.

Schule

A51 *Was hast du in deiner Schultasche?*

A52
A53 *In meiner Schultasche habe ich ein , eine und einen .*

die Schule

1 Höre und sprich nach. Nummeriere.

A54
A55
A56
A57

1 die Lehrerin

2 der Lehrer

3 die Tafel

4 der Tisch

A58
A59
A60
A61

5 der Stuhl

6 das Heft

7 das Buch

8 die Schultasche

18

A62 🔊
A63 🔊
A64 🔊
A65 🔊

9 🔴 die Federmappe

10 🔵 der Bleistift

11 🔵 der Radiergummi

12 🟢 das Lineal

A66 🔊
A67 🔊
A68 🔊
A69 🔊

13 🔵 der Malkasten

14 🔵 der Pinsel

15 🔴 die Schere

16 🔵 der Kleber

2 👆 👄 Zeige auf einen Gegenstand. Welche Farbe hat der Gegenstand? Sprich mit einem anderen Kind über die Schulsachen.

A70 🔊
A71 🔊

Welche Farbe hat der 🖊?

Der Anspitzer ist 🌸.

Was brauchst du in der Schule?

Schule

1 ✎ Verbinde und schreibe.

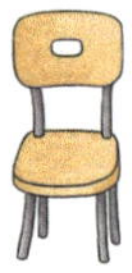 🪑	● das Heft	
 📗	● der Stuhl	_der Stuhl_
 👩	● der Malkasten	
 🎨	● die Lehrerin	
 ✏️	● der Lehrer	
 👨	● der Radiergummi	
 👝	● der Kleber	
 🧴	● das Lineal	
 📏	● die Federmappe	

1 Verbinde und schreibe.

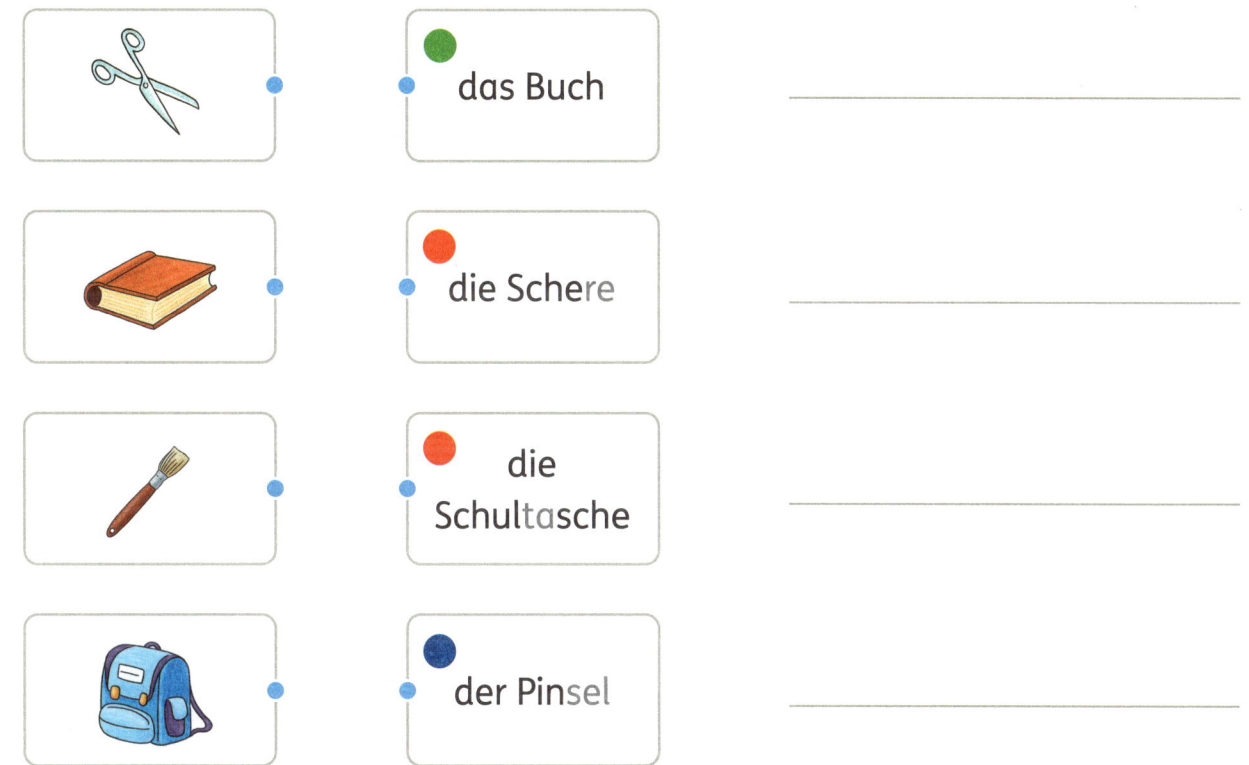

das Buch

die Schere

die Schultasche

der Pinsel

2 Verbinde.

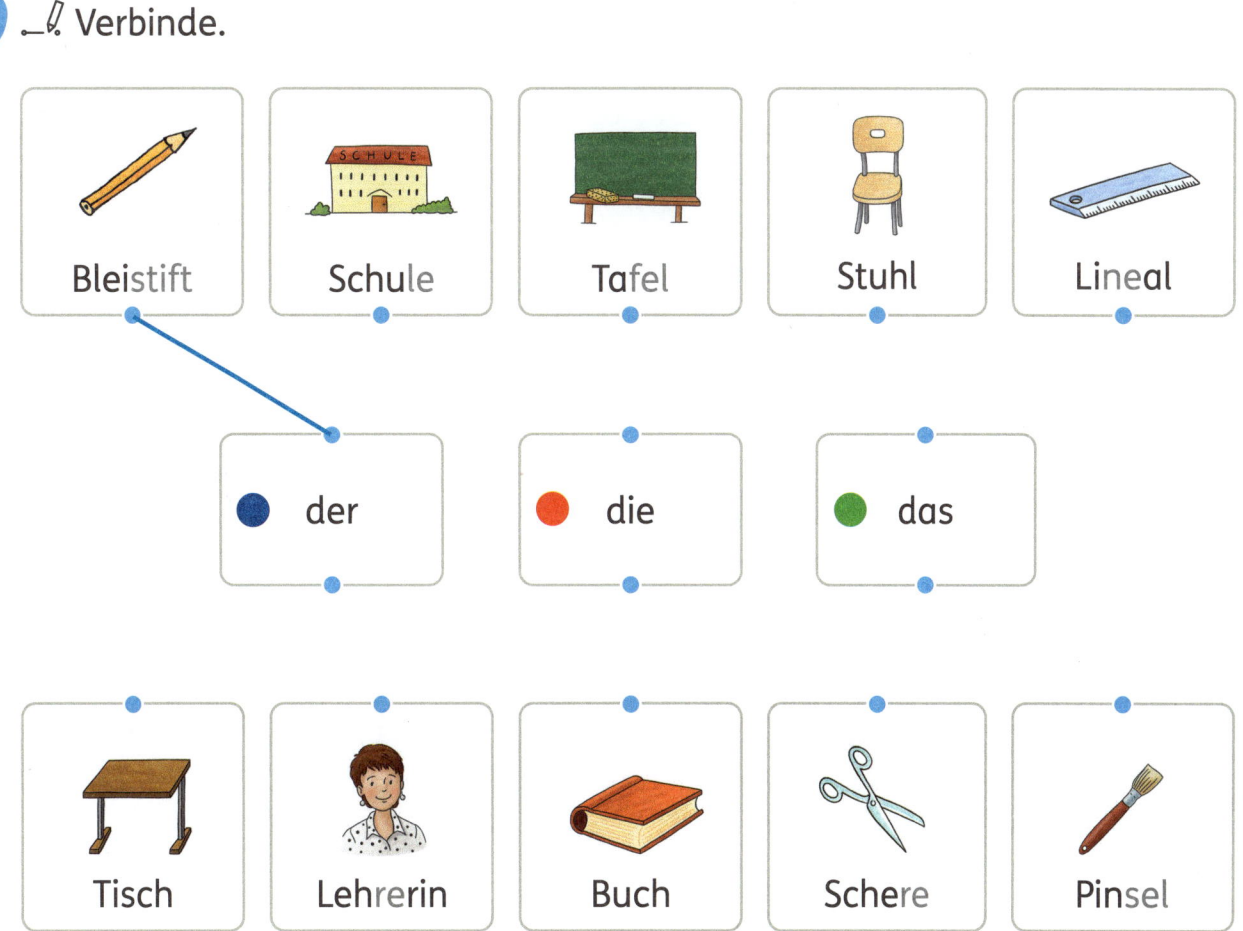

Bleistift

Schule

Tafel

Stuhl

Lineal

der

die

das

Tisch

Lehrerin

Buch

Schere

Pinsel

Schule

1 ✏️🖊️✒️ Male den Artikelpunkt an. Schreibe und verbinde.

A72 🔊 · 🍽️ **der Tisch**

A73 🔊 ○ 📕 _____

A74 🔊 ○ 🪑 _____

A75 🔊 ○ 📗 _____

A76 🔊 ○ ✏️ _____

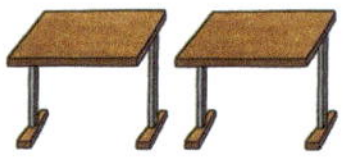

A77 🔊 ○ 🎒 _____

A78 🔊 ○ ✂️ _____

A79 🔊 ○ 👩 _____

A80 🔊 ○ 📏 _____

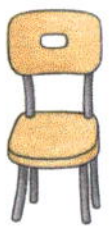

die Bücher

die Tische

die Hefte

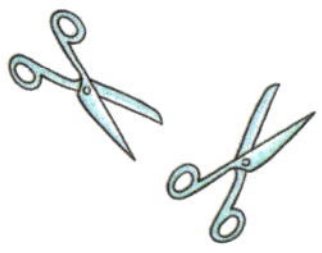

die Stühle

die Scheren

die Lehrerinnen

die Bleistifte

die Schultaschen

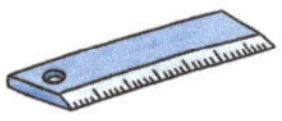

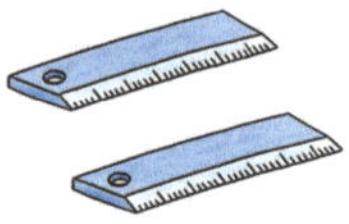

die Lineale

1 ∞ ✏ ✗ Lies und male an. Kreuze an.

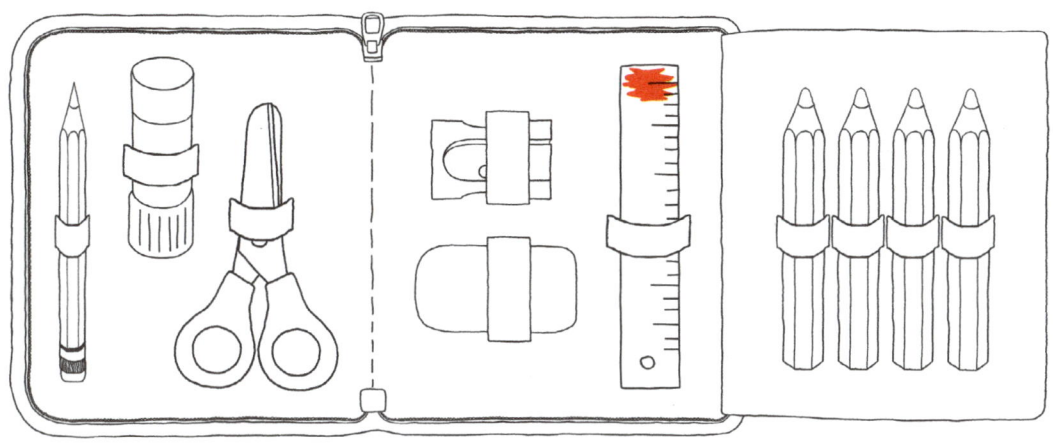

Das Lineal ist rot. ☒

Der Bleistift ist orange. ☐

Die Schere ist grau und blau. ☐

Der Radiergummi ist lila. ☐

Zwei Stifte sind grün. ☐

Der Kleber ist gelb und weiß. ☐

Ein Stift ist braun. ☐

Ein Stift ist schwarz. ☐

Der Anspitzer ist rosa. ☐

Die Federmappe ist bunt. ☐

Ich packe meine Federmappe und nehme einen ⭐ ✏ mit.

Ich packe meine Federmappe und nehme einen ⭐ ✏ und eine ❋ ✂ mit.

2 ∞ ✏ Lies und male.

acht grüne Lineale	vier blaue Bücher	eine bunte Schultasche

Alle sprechen mit

  1 ✎ Frage andere Kinder. Fülle die Tabelle aus.

A81 🔊
A82 🔊

Was hast du in deiner Schultasche?

Name	Schulsachen
Aniko	Malkasten

1 ✐ Lies und markiere. Schreibe.

A	S	B	S	C	H	E	R	E
W	C	F	T	R	P	M	A	L
U	H	M	T	I	S	C	H	P
I	U	K	S	N	H	K	R	L
O	L	R	F	N	Ü	S	Q	E
N	E	S	L	F	U	Z	T	H
O	H	Y	A	I	W	O	M	R
K	L	E	B	E	R	N	H	E
T	B	F	L	K	I	R	P	R
G	W	E	V	ß	M	G	E	O
M	A	L	K	A	S	T	E	N

Schule

_____

_____

_____

_____

_____

2 ✐ Lies und male.

zehn gelbe Bleistifte

drei blaue Scheren

vier grüne Stühle

zwei rote Anspitzer

sechs rosa Hefte

fünf braune Pinsel

Familie

A83
A84

Wer gehört zu deiner Familie?

Zu meiner Familie gehören meine 👩 👩 und 👧 🥕.

A85
A86
A87
A88

🔴 die Familie

⚪ die Eltern

⚪ die Geschwister

⚪ die Großeltern

○ **1** 🎧 👄 ✏️ Höre und sprich nach. Nummeriere.

A89
A90
A91
A92

🔴 **1** die Mama/ die Mutter

🔵 **2** der Opa

🔴 **3** die Oma

🔵 **4** der Papa/ der Vater

A93 🔊
A94 🔊
A95 🔊
A96 🔊

der Onkel

der Cousin

das Baby

die Schwester

A97 🔊
A98 🔊
A99 🔊

die Cousine

die Tante

der Bruder

● **2** 👓 ✏️ 🖊 Lies und male. Schreibe.

Meine Familie

Ich heiße _____ .

Meine Mama heißt _____ .

Mein Papa heißt _____ .

Mein _____ .

Meine _____ .

27

Familie

1 ✏️ Verbinde und schreibe.

der Bruder

der Papa

die Oma

das Baby

die Eltern

die Schwester

der Opa

die Mama

die Geschwister

der Papa

1 ✎ Verbinde und schreibe.

der Onkel

_____

der Cousin

_____

die Großeltern

_____

die Tante

_____

2 ✎ Verbinde.

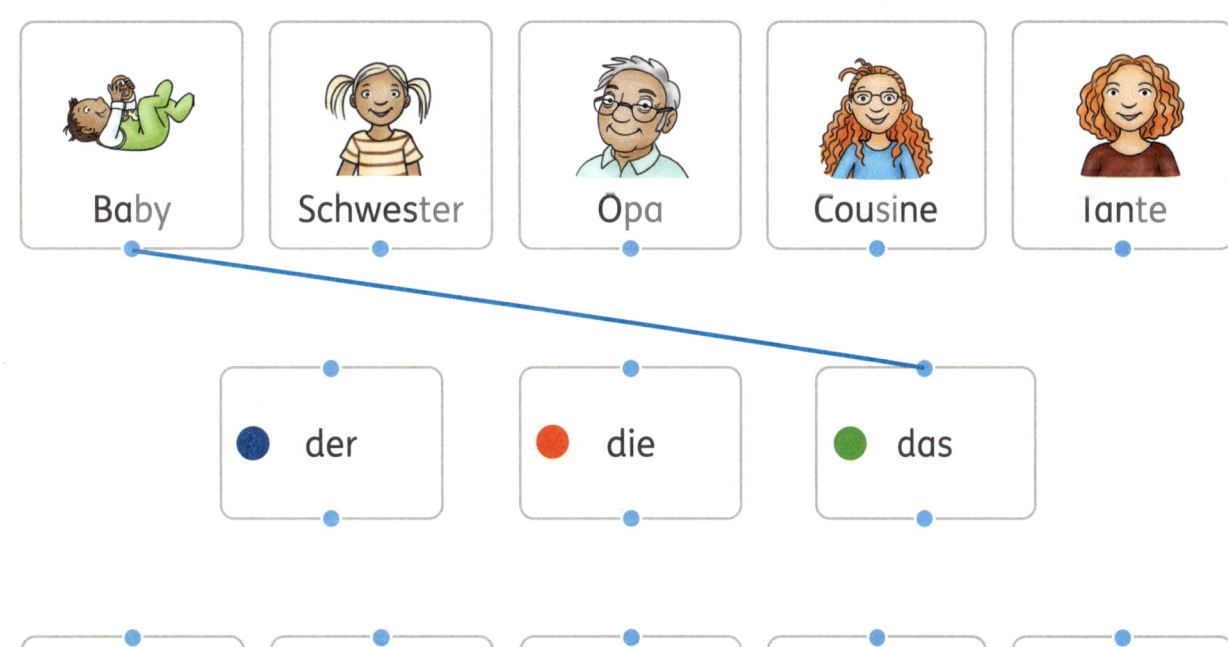

Baby   Schwester   Opa   Cousine   Tante

der   die   das

Oma   Onkel   Papa   Bruder   Mama

Familie

1 ✏️ ✏️ ✏️ Male den Artikelpunkt an. Schreibe und verbinde.

A100 🔊 ● _der Opa_ ●   ● die Brüder

A101 🔊 ○ _____ ●   ● die Opas

A102 🔊 ○ _____ ●   ● die Onkel

A103 🔊 ○ _____ ●   ● die Omas

A104 🔊 ○ _____ ●   ● die Cousinen

A105 🔊 ○ _____ ●   ● die Schwestern

A106 🔊 ○ _____ ●   ● die Cousins

A107 🔊 ○ _____ ●   ● die Babys

A108 🔊 ○ _____ ●   ● die Tanten

1 ✎ Lies und kreuze an.

<table>
<tr><td>

☐ die Schwester
☐ die Eltern
☒ der Opa

</td><td>

☐ die Geschwister
☐ die Mama
☐ die Cousine

</td><td>

☐ der Cousin
☐ die Tante
☐ der Papa

</td></tr>
<tr><td>

☐ die Großeltern
☐ der Bruder
☐ die Eltern

</td><td>

☐ die Oma
☐ die Geschwister
☐ der Onkel

</td><td>

☐ die Eltern
☐ die Cousine
☐ die Großeltern

</td></tr>
</table>

2 ✎ Lies und schreibe. Streiche durch.

die Cousine	der Onkel	die Tante
~~der Bruder~~	das Baby	die Schwester

der Bruder _____   _____   _____

_____   _____   _____

Alle sprechen mit

  1 ✍️ Frage andere Kinder. Fülle die Tabelle aus.

A109 🔊
A110 🔊

Wer gehört zu deiner Familie?

Zu meiner Familie gehören meine 👩🧑 *und* 👧🌵.

Name	Familienmitglieder
Carlos	Eltern und Geschwister

Wer gehört noch zu deiner Familie?

1 Lies und markiere. Schreibe.

B	P	A	P	A	N	R	V	Z
W	L	F	T	R	P	M	A	M
U	P	M	Z	O	K	L	M	A
I	T	K	S	P	H	K	R	M
O	A	R	F	A	Ü	B	Q	A
N	N	S	L	A	I	R	T	Z
O	T	Y	A	I	W	U	M	O
A	E	S	F	T	Q	D	H	N
T	B	A	B	Y	I	E	P	R
G	W	E	V	ß	M	R	E	L
L	W	C	U	N	Z	O	T	N

 Tante _____

 _____

 _____

 _____

 _____

 _____

2 Lies und male.

Opa und Cousine

Papa und Oma

Schwester und Bruder

Tante und Mama mit Baby

Gefühle

A111 🔊
A112 🔊
A113 🔊

 *Wie fühlst du dich?*

Ich bin .

die Gefühle

1 👂 👄 ✏️ Höre und sprich nach. Nummeriere.

A114 🔊
A115 🔊
A116 🔊
A117 🔊

1	**2**	**3**	**4**

glücklich	traurig	verliebt	ängstlich

A118 🔊
A119 🔊

5	**6**

müde	wütend

34

1 Zeige auf ein Monster. Wie fühlt sich das Monster?
Sprich mit einem anderen Kind über die Gefühle.

A120

A121

Wie fühlt sich das gelbe Monster?

Das gelbe Monster ist glücklich.

Was macht dich glücklich?

2 Verbinde und schreibe.

traurig

glücklich ——— glücklich

ängstlich ———

müde ———

wütend ———

verliebt ———

35

Alle sprechen mit

● **1** 👄✏ Frage andere Kinder: Fülle die Tabelle aus.

A122 🔊
A123 🔊

Wie fühlst du dich?

Ich bin 🟣.

Name	Ich bin
Vincent	müde

1 ∞ ✗ Lies und kreuze an.

☐ müde	
☐ verliebt	
☒ wütend	

☐ traurig	
☐ glücklich	
☐ ängstlich	

☐ verliebt	
☐ glücklich	
☐ müde	

☐ müde	
☐ wütend	
☐ traurig	

☐ ängstlich	
☐ verliebt	
☐ traurig	

☐ glücklich	
☐ wütend	
☐ ängstlich	

2 ∞ ✏ Lies und male.

Ich bin traurig.

Ich bin glücklich.

Ich bin wütend.

Ich bin verliebt.

Wohnen

A124 A125

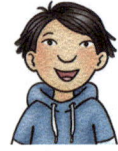

Was hast du *in deiner Küche*?

Ich habe *ein* ▢, *eine* ▢ und *einen* ▢ in meiner Küche.

A126 A127 A128 A129

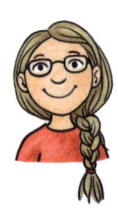

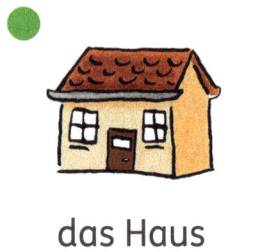

das Haus

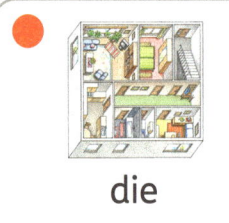

die Wohnung

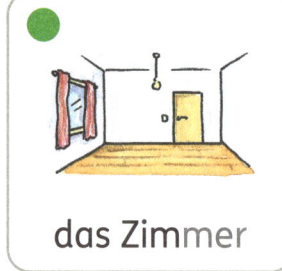

das Zimmer

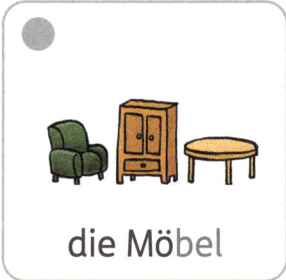

die Möbel

○ **1** Höre und sprich nach. Nummeriere.

A130 A131 A132 A133 A134 A135

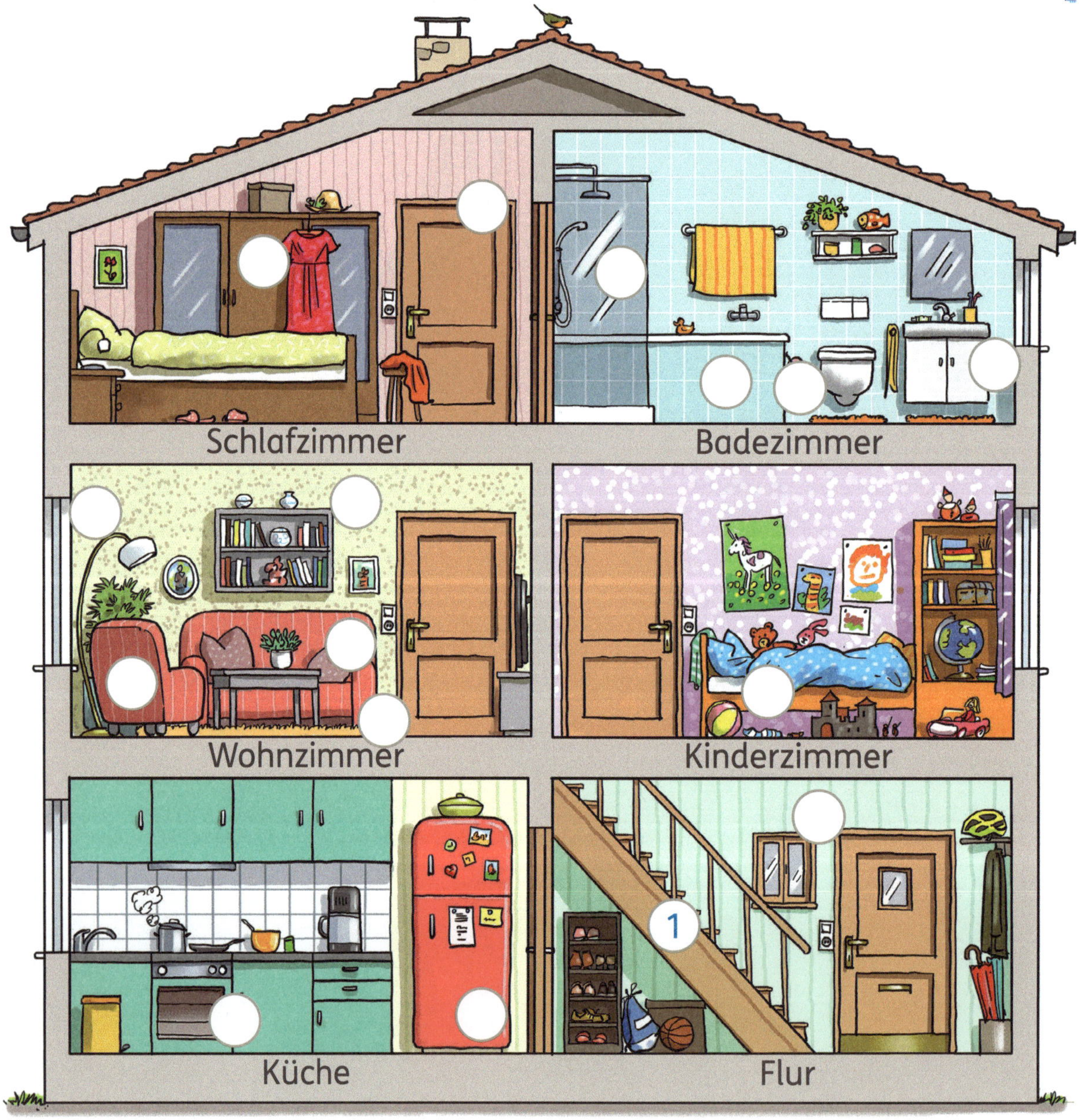
Schlafzimmer
Badezimmer
Wohnzimmer
Kinderzimmer
Küche
Flur
1

A136 🔊
A137 🔊
A138 🔊
A139 🔊

1. die Treppe
2. die Tür
3. das Fenster
4. der Herd

A140 🔊
A141 🔊
A142 🔊
A143 🔊

5. der Kühlschrank
6. das Sofa
7. der Sessel
8. der Teppich

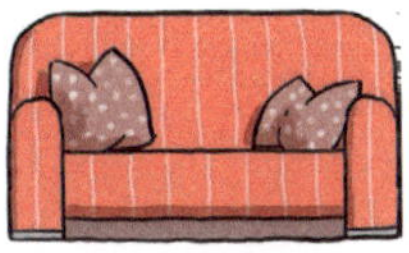

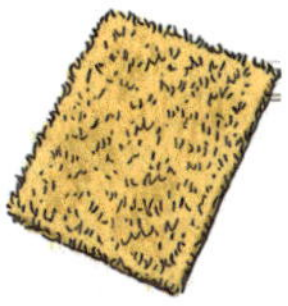

A144 🔊
A145 🔊
A146 🔊
A147 🔊

9. die Lampe
10. das Regal
11. das Bett
12. der Schrank

A148 🔊
A149 🔊
A150 🔊
A151 🔊

13. die Toilette
14. das Waschbecken
15. die Dusche
16. die Badewanne

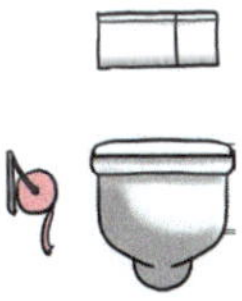

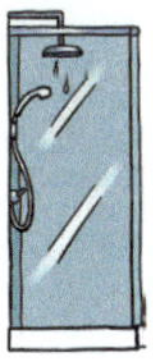

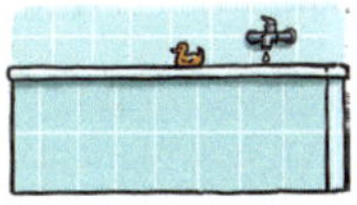

👥 ⊝ **2** 👆 ⊝ Zeige auf einen Gegenstand im Wimmelbild.
Sprich mit einem anderen Kind über das Wimmelbild.

A152 🔊 *Wo ist der ▢ ?*

A153 🔊 *Der Herd ist in der Küche.*

A154 🔊 *Wo ist das ▢ ?*

A155 🔊 *Das Sofa ist im Wohnzimmer.*

Wohnen

1 ✏️ Verbinde und schreibe.

• der Schrank

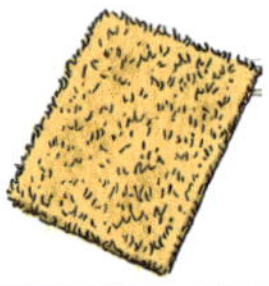

• das Regal

das Regal

• der Teppich

• das Waschbecken

• die Tür

• die Toilette

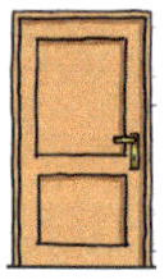

• die Lampe

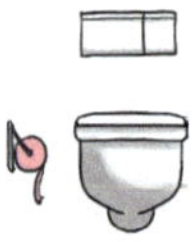

• der Kühlschrank

Welche Möbel gibt es in der Schule?

1 ✎ Verbinde und schreibe.

	● der Herd
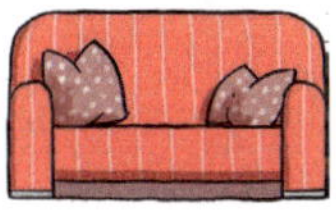	● das Fenster
	● der Sessel
	● das Sofa
	● die Dusche
	● das Bett
	● die Treppe
	● die Badewanne

Was ist in deinem Traumzimmer?

Wohnen

1 ✏ Verbinde.

Sessel	Lampe	Schrank	Regal	Teppich

🔵 der   🔴 die   🟢 das

Fenster	Tür	Kühlschrank	Herd	Sofa

2 ✏✏✏ Male den Artikelpunkt an. Schreibe und verbinde.

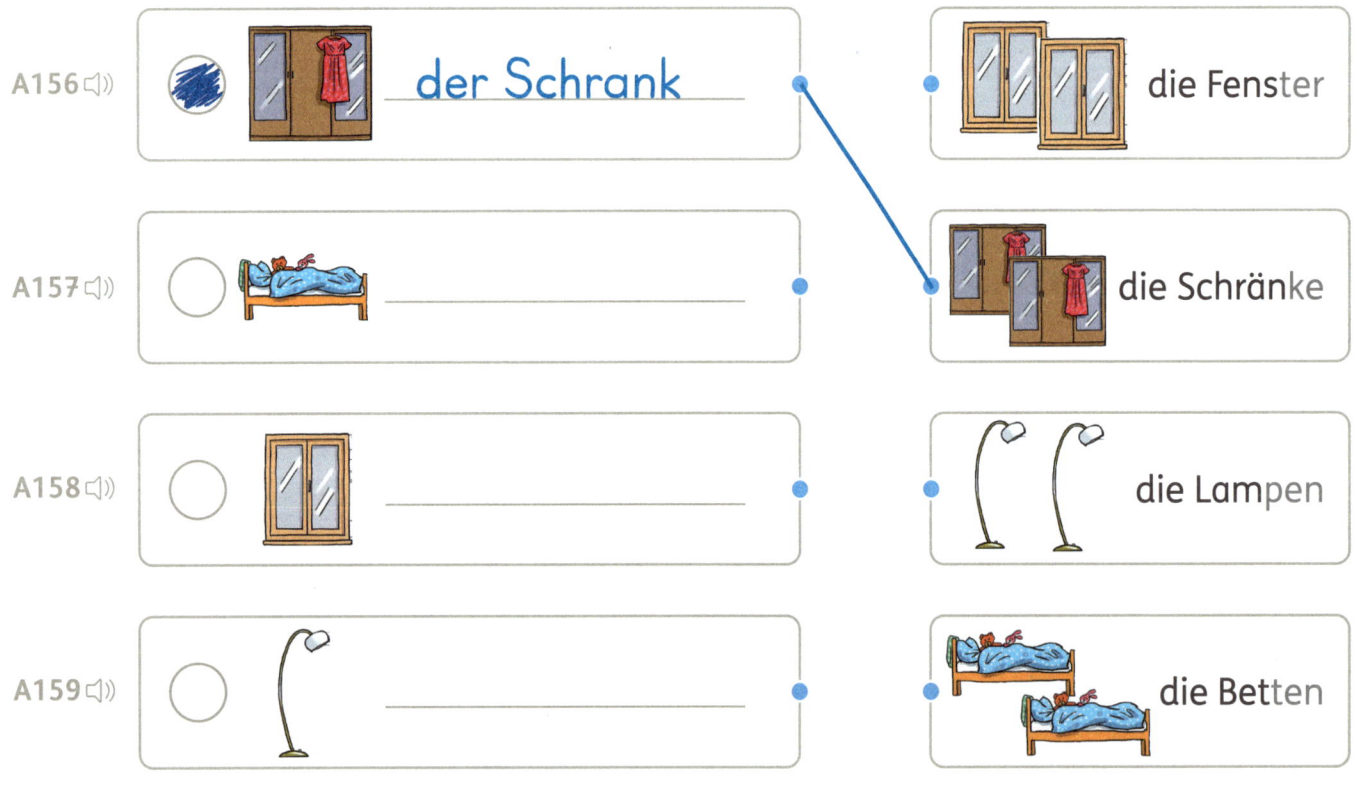

A156 ◁))   der Schrank   die Fenster

A157 ◁))   die Schränke

A158 ◁))   die Lampen

A159 ◁))   die Betten

1  Lies. Höre und sprich nach. Schreibe.

A160
A161
A162
A163

| in | neben | vor | zwischen |

in _____

A164
A165
A166
A167

| auf | unter | hinter | über |

_____ _____ _____ _____

2  Lies und markiere. Male.

Wo ist das Buch?

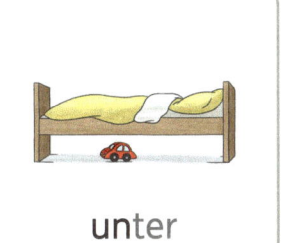

Das Buch ist
neben dem Bett.

Das Buch ist
unter dem Tisch.

Das Buch ist
vor dem Sessel.

Das Buch ist
auf dem Sofa.

Das Buch ist
in der Dusche.

Das Buch ist
hinter der Lampe.

Alle sprechen mit

1 👄 ✏ Wähle ein Zimmer aus. Frage andere Kinder. Fülle die Tabelle aus.

A168 🔊
A169 🔊

> *Was hast du in deiner Küche?*

> *Ich habe ein , eine ⌐ und einen ▯ in meiner Küche.*

Zimmer: _____

Name	Möbel
Anna	Regal, Lampe, Kühlschrank

1 Lies und markiere. Schreibe.

A	K	B	N	I	E	P	A	L
W	T	R	E	P	P	E	A	P
B	U	M	F	T	R	P	M	H
A	I	K	S	N	H	K	R	E
D	A	R	G	N	Ü	S	Q	R
E	N	G	L	U	A	Z	T	D
W	H	Y	A	I	W	O	M	B
A	Z	S	E	S	S	E	L	K
N	B	D	U	S	C	H	E	T
N	W	I	A	P	M	E	N	E
E	N	U	B	E	T	T	C	R

Herd
_____

_____

_____

_____

_____

_____

2 Lies und male.

Der Teppich ist
unter dem Stuhl.

Der Bleistift ist
auf dem Tisch.

Die Lampe ist
neben dem Bett.

Der Sessel ist
vor dem Fenster.

Das Buch ist
im Regal.

Die Schultasche ist
hinter dem Sofa.

Spielen

A170 Was spielst du gerne?

A171
Ich 🛝 und 🪑 gerne.

A172
A173

spielen

der
Spielplatz

1 Höre und sprich nach. Nummeriere.

A174
A175
A176
A177

1	2	3	4

die Rutsche	die Schaukel	die Wippe	das Klettergerüst

46

5	6	7	8
A178 🔊 ●	A179 🔊 ●	A180 🔊 ●	A181 🔊 ●
 der Sandkasten	 die Schaufel	 der Eimer	 der Ball

9	10	11	12
A182 🔊 ●	A183 🔊 ●	A184 🔊 ●	A185 🔊 ●
 das Tor	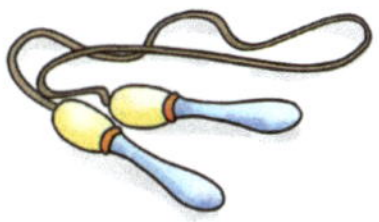 das Seil	 die Bank	 das Kuscheltier

2 👓 ✏ Was spielst du gerne? Lies und kreuze an.

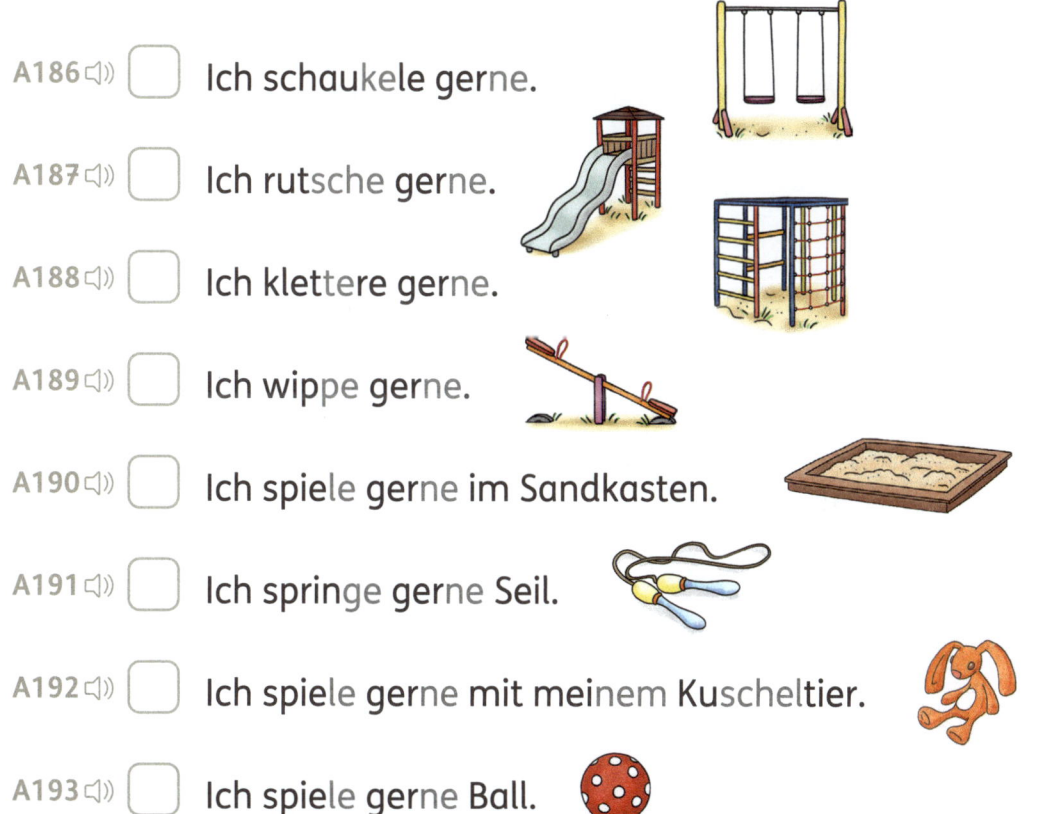

A186 🔊 ☐ Ich schaukele gerne.

A187 🔊 ☐ Ich rutsche gerne.

A188 🔊 ☐ Ich klettere gerne.

A189 🔊 ☐ Ich wippe gerne.

A190 🔊 ☐ Ich spiele gerne im Sandkasten.

A191 🔊 ☐ Ich springe gerne Seil.

A192 🔊 ☐ Ich spiele gerne mit meinem Kuscheltier.

A193 🔊 ☐ Ich spiele gerne Ball.

Was machst du gerne auf dem Spielplatz?

Spielen

1 ✏️ Verbinde und schreibe.

 ⚪	🔴 die Schaukel
 🪢	🔵 der Ball
 🧸	🟢 das Seil
 📦	🔴 die Rutsche
 ⚽	🔴 die Wippe
 🧗	🟢 das Tor
 🛝	🟢 das Kuscheltier
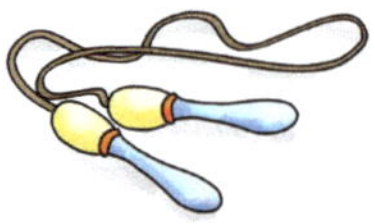 🪢	🔵 der Sandkasten
 🛝	🔵 der Spielplatz

der Ball

48

1 ✏️✏️ Verbinde und schreibe.

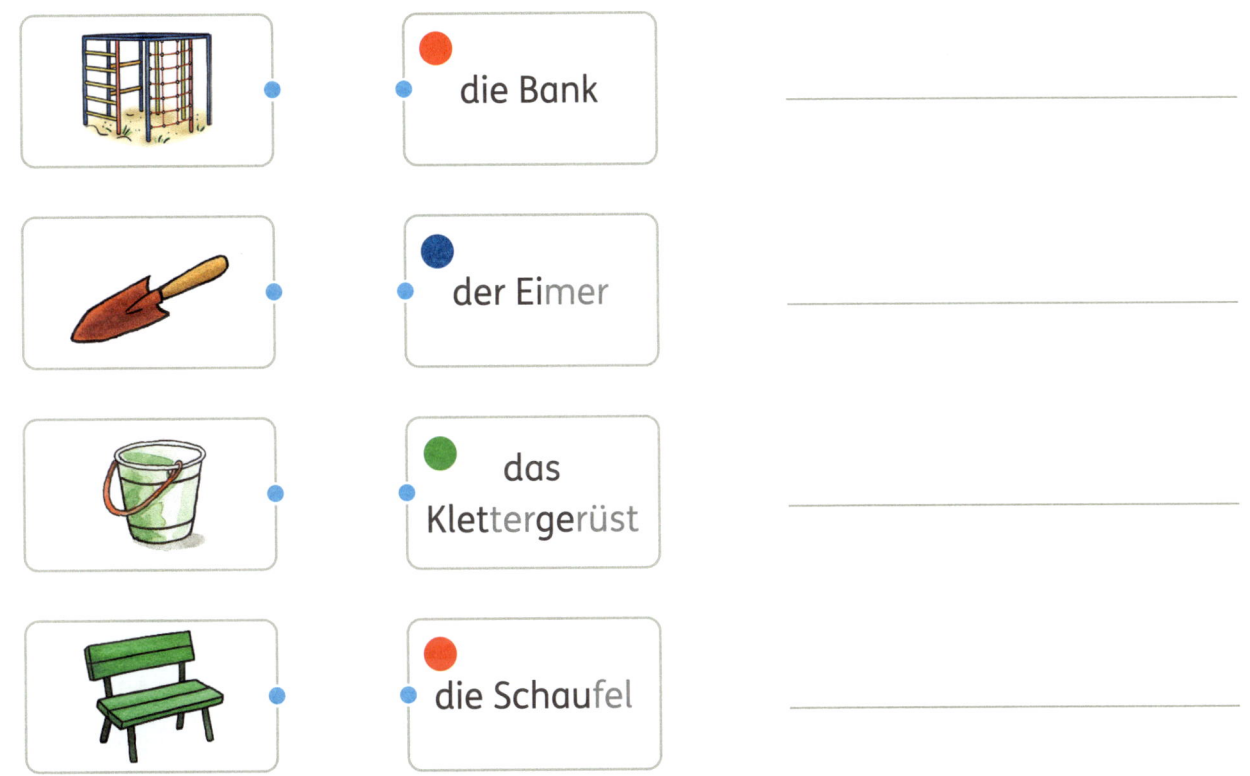

die Bank

der Eimer

das Klettergerüst

die Schaufel

_____

_____

_____

_____

2 ✏️ Verbinde.

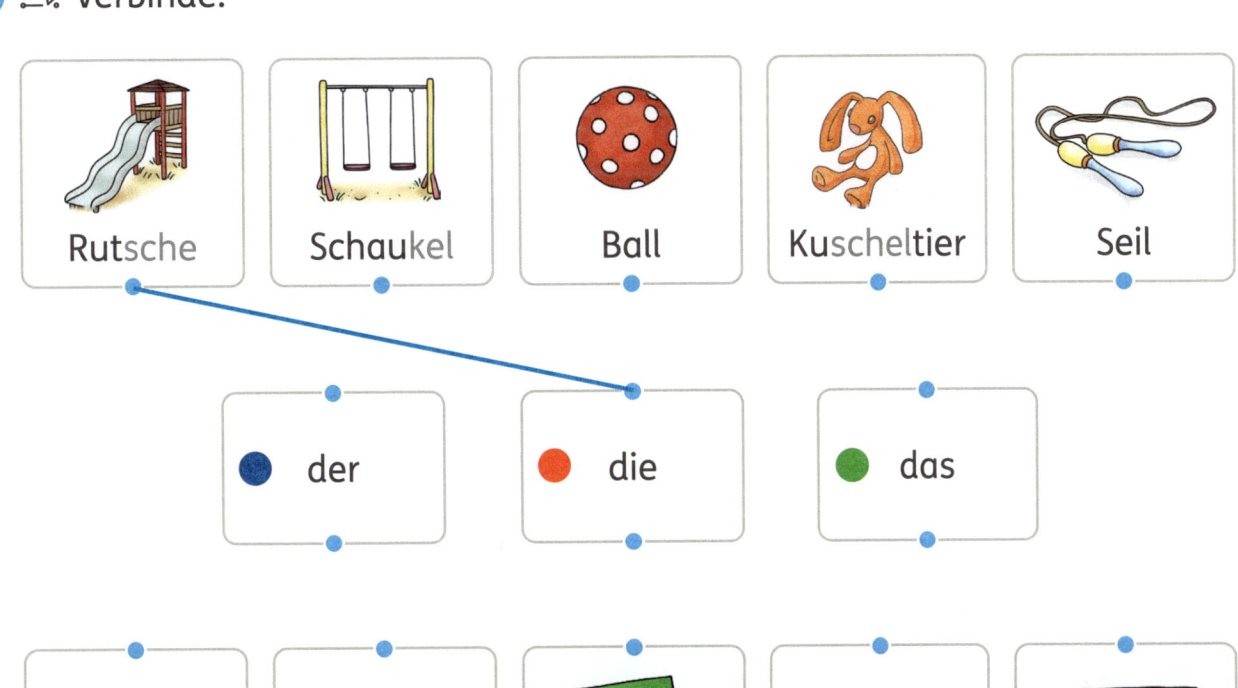

Rutsche   Schaukel   Ball   Kuscheltier   Seil

der   die   das

Eimer   Wippe   Bank   Schaufel   Tor

Spielen

1 ✏️ Male den Artikelpunkt an. Schreibe und verbinde.

A194 🔊 • **die Bank** •————————

A195 🔊 ○ _____ •

A196 🔊 ○ _____ •

A197 🔊 ○ _____ •

A198 🔊 ○ _____ •

A199 🔊 ○ _____ •

A200 🔊 ○ _____ •

A201 🔊 ○ _____ •

A202 🔊 ○ _____ •

• die Bälle

• die Bänke

• die Eimer

• die Tore

• die Kuscheltiere

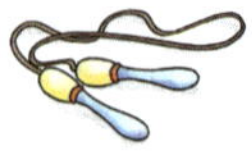

• die Schaufeln

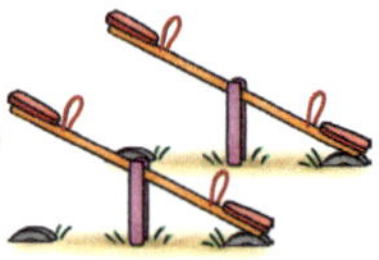

• die Wippen

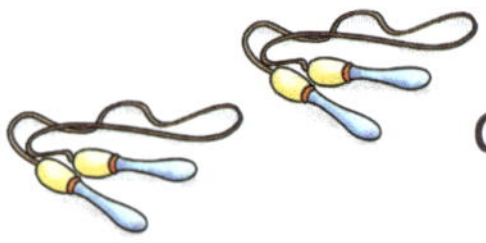

• die Seile

• die Schaukeln

1 ∞ ✏ ✗ Lies und male an. Kreuze an.

☒ Eimer	☐ Wippe	☐ Schaukel
☐ Schaufel	☐ Bank	☐ Klettergerüst
☐ Ball	☐ Rutsche	☐ Kuscheltier
☐ Tor	☐ Seil	☐ Sandkasten

Was spielst du gerne mit deinen Freunden?

Alle sprechen mit

  1 ✏️ 🗑️ Frage andere Kinder. Fülle die Tabelle aus.

A203 🔊
A204 🔊

Was spielst du gerne?

Ich 🛝 und 🪑 gerne.

A205 🔊
A206 🔊
A207 🔊

Ich *spiele* gerne Ball. 🔴
Ich *spiele* gerne *im Sandkasten*. 🟫
Ich *springe* gerne *Seil*. 🪢

Name	🛝	🪑	🔴	🟫	🪢
Elena	x	x			
Pauline			x	x	x

Ich klettere gerne.

Wir wippen gerne.

1 Lies und markiere. Schreibe.

A	T	B	T	R	P	M	A	L
S	U	E	I	M	E	R	A	S
W	I	M	G	H	E	Z	J	C
I	O	K	S	N	H	K	R	H
P	N	R	F	N	Ü	S	Q	A
P	O	B	B	A	N	K	T	U
E	H	Y	A	I	W	O	M	F
T	B	F	K	E	N	Z	H	E
R	U	T	S	C	H	E	P	L
G	W	E	V	ß	M	G	E	K
L	K	I	N	T	O	R	M	N

Schaufel _____

_____

_____

_____

_____

_____

2 Lies und male.

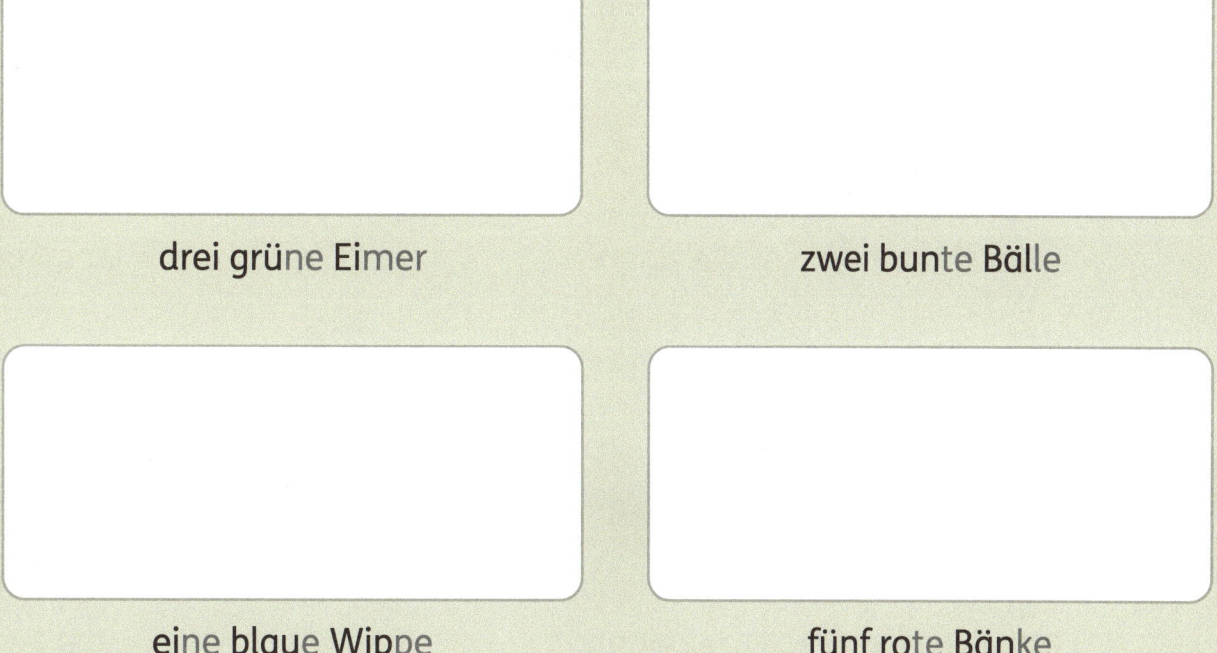

drei grüne Eimer

zwei bunte Bälle

eine blaue Wippe

fünf rote Bänke

107

53

Körper

A208 🔊

A209 🔊 *Wo ist dein  ?*

A210 🔊

 *Das ist mein Mund.*

der Körper

○ **1** 👂 👄 ✏️ Höre und sprich nach. Nummeriere.

1	**2**	**3**	**4**
A211 🔊	A212 🔊	A213 🔊	A214 🔊
		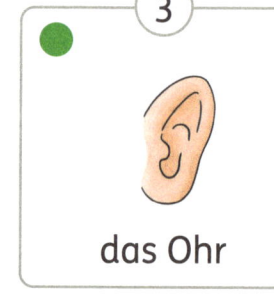	
der Kopf	die Haare	das Ohr	das Auge

5	**6**	**7**	**8**
A215 🔊	A216 🔊	A217 🔊	A218 🔊
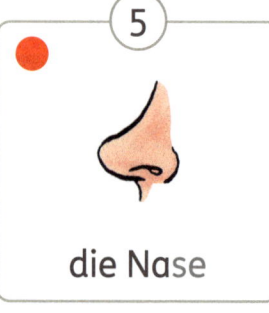		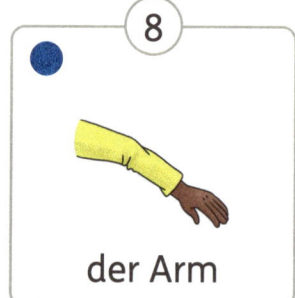	
die Nase	der Mund	der Hals	der Arm

54

A219 🔊	9 ⬤ die Hand	10 ⬤ der Finger	11 ⬤ der Bauch	12 ⬤ der Rücken
A220 🔊				
A221 🔊				
A222 🔊				

A223 🔊	13 ⬤ der Po	14 ⬤ das Bein	15 ⬤ der Fuß	16 ⬤ der Zeh
A224 🔊				
A225 🔊				
A226 🔊				

2 👓 ✏️ ✂️ Lies und male an. Kreuze an.

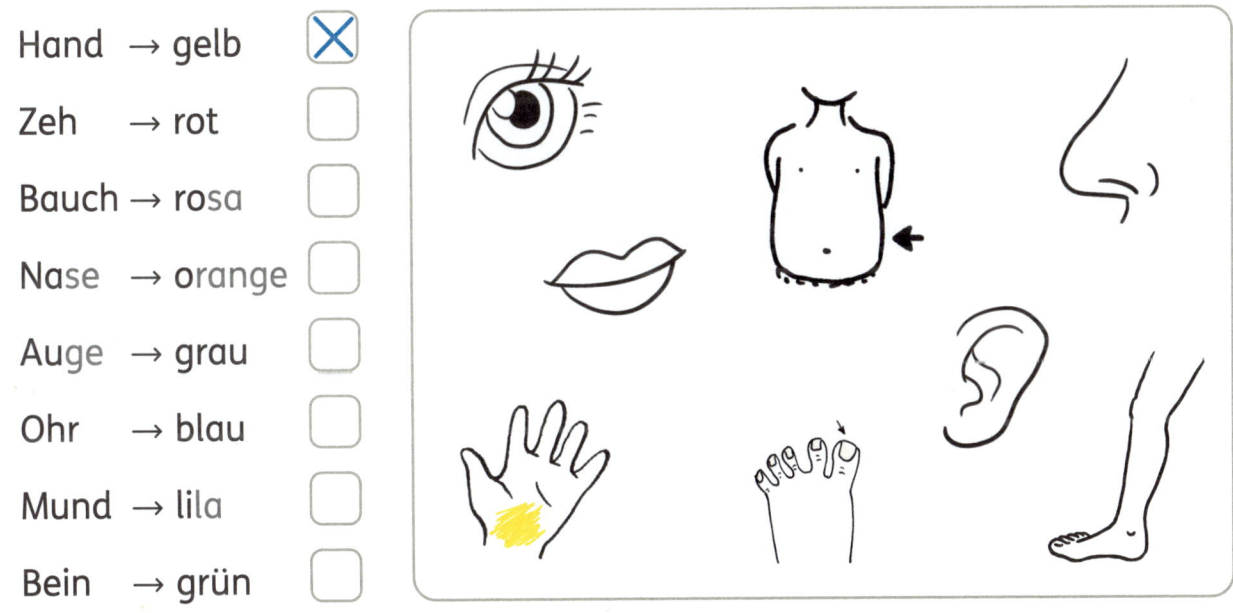

Hand → gelb ☒

Zeh → rot ☐

Bauch → rosa ☐

Nase → orange ☐

Auge → grau ☐

Ohr → blau ☐

Mund → lila ☐

Bein → grün ☐

3 👉 🗣️ Zeige auf ein Körperteil. Welches Körperteil ist das?
Sprich mit einem anderen Kind über die Körperteile.

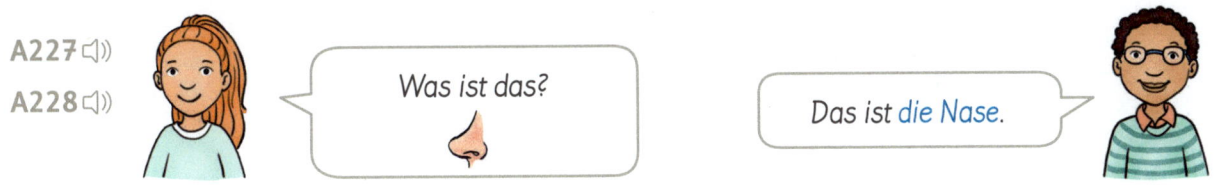

A227 🔊

A228 🔊

Was ist das?

Das ist die Nase.

Körper

1 ✏️ Verbinde und schreibe.

	● der Hals	
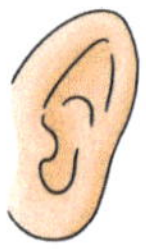	● der Fuß	der Fuß
	● die Nase	
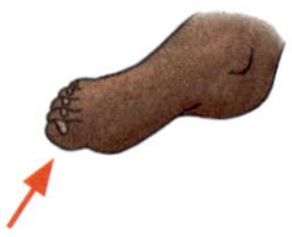	● das Ohr	
	● der Rücken	
	● der Po	
	● der Mund	
	● der Zeh	

1 ✎ Verbinde und schreibe.

👁	• der Bauch
	• der Arm
	• die Haare
	• der Kopf
	• die Hand
	• der Finger
	• das Bein
	• das Auge

Körper

1 Lies und schreibe. Male den Artikelpunkt an.

Kopf	~~Haare~~	Ohr	Auge	Nase	Mund	Hals
Arm	Hand	Finger	Bauch	Bein	Fuß	

Haare

1 ◻️ ◻️ ◻️. Male den Artikelpunkt an. Schreibe und verbinde.

A229 🔊 der Finger

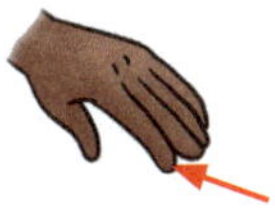

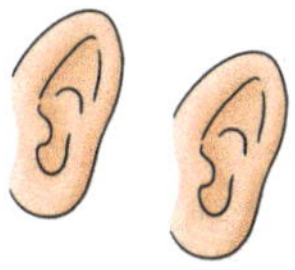

die Ohren

A230 🔊 _____

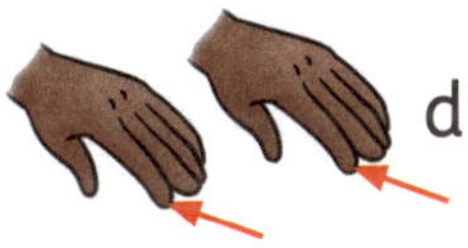

die Finger

A231 🔊 _____

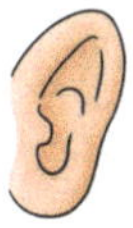

die Augen

A232 🔊 _____

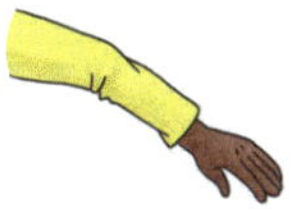

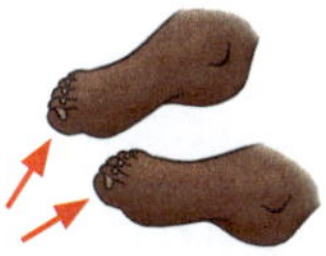

die Zehen

A233 🔊 _____

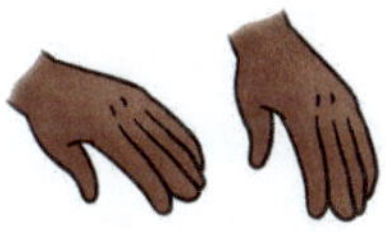

die Hände

A234 🔊 _____

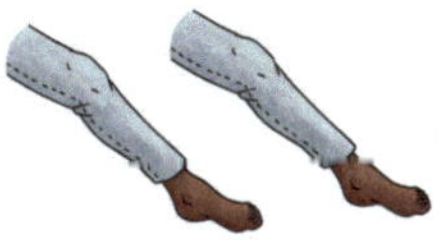

die Beine

A235 🔊 _____

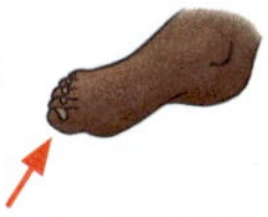

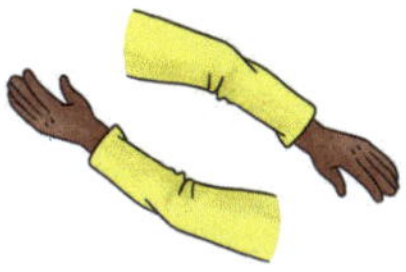

die Arme

A236 🔊 _____

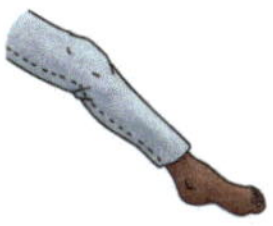

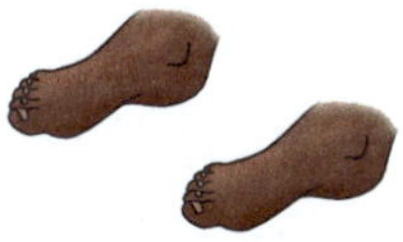

die Füße

Wo sind deine Beine / Finger / Hände / ...?

Körper

1 👓 ✏️ Lies und kreuze an.

☐ das Ohr	☐ der Zeh	☐ die Hand
☒ die Nase	☐ der Fuß	☐ der Hals
☐ der Mund	☐ das Bein	☐ die Haare

☐ der Finger	☐ der Bauch	☐ das Auge
☐ der Arm	☐ der Rücken	☐ der Kopf
☐ die Hand	☐ der Po	☐ der Körper

2 👓 ✏️ Lies und schreibe. Streiche durch.

der Bauch	~~der Rücken~~	die Haare
der Po	der Mund	der Kopf

der Rücken _____

_____

_____

_____

_____

_____

1 👓 ✎ ✏ Lies und schreibe. Streiche durch.

Mit den Augen kann ich sehen.	Mit der Nase kann ich riechen.

Mit den Beinen kann ich gehen.   Mit den Fingern kann ich zeigen.

Mit den Ohren kann ich hören.   Mit den Händen kann ich fühlen.

Mit dem Mund kann ich schmecken.

A237 🔊  <u>Mit den Augen kann ich sehen.</u>

A238 🔊

A239 🔊

A240 🔊

A241 🔊

A242 🔊

A243 🔊

Alle sprechen mit

1 👄👆 Frage andere Kinder nach ihren Körperteilen. Zeige.

A244 🔊
A245 🔊

Wo ist dein 👄 ?

Das ist mein Mund.

2 👄✏️ Frage ein anderes Kind. Male dein Monster aus.

A246 🔊
A247 🔊

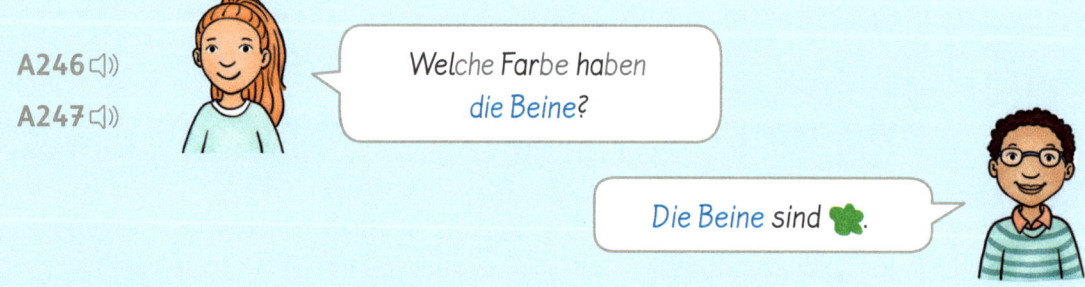

Welche Farbe haben die Beine?

Die Beine sind 🍀.

Mein Monster

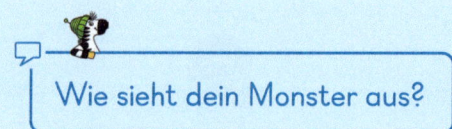

Wie sieht dein Monster aus?

1 Lies und markiere. Schreibe.

B	A	i	K	F	N	R	V	Z
W	U	F	T	I	P	B	A	M
U	G	M	Z	N	K	A	M	L
I	E	K	S	G	H	U	R	K
O	A	R	F	E	Ü	C	Q	B
N	P	I	E	R	K	H	T	Z
S	O	N	A	I	W	U	M	O
A	E	S	Q	T	Q	D	H	F
R	Ü	C	K	E	N	E	P	R
G	W	E	V	ß	M	R	E	L
L	W	C	U	N	H	A	L	S

Auge

_____

_____

_____

_____

_____

2 Schreibe.

Ich habe __zwei__ __Ohren__ .

Ich habe _____ _____ .

Ich habe _____ _____ .

Ich habe _____ _____ .

Ich habe _____ _____ .

Kleidung

A248 🔊

A249 🔊

A250 🔊

Welche Farbe hat die ✂️?

Die Hose ist ✿.

● die Kleidung

○ **1** 👂 👄 ✏️ Höre und sprich nach. Nummeriere.

A251 🔊

A252 🔊

A253 🔊

A254 🔊

● **1**	● **2**	● **3**	● **4**

die Hose	der Pullover	das T-Shirt	der Rock

A255 🔊

A256 🔊

A257 🔊

A258 🔊

● **5**	● **6**	● **7**	● **8**

das Kleid	die Jacke	der Mantel	die Mütze

A259 🔊
A260 🔊
A261 🔊
A262 🔊

9	10	11	12
●	●	●	●
der Schal	der Handschuh	der Schuh	der Stiefel

A263 🔊
A264 🔊
A265 🔊
A266 🔊

13	14	15	16
●	●	●	●
die Socke	die Strumpfhose	das Unterhemd	die Unterhose

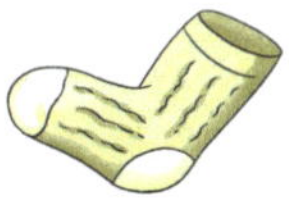

2 👓 ✏️ Lies und kreuze an.

☒ T-Shirt   ☐ Hose   ☐ Handschuh   ☐ Stiefel   ☐ Unterhemd

☐ Kleid   ☐ Rock   ☐ Mütze   ☐ Schal   ☐ Strumpfhose

3 👆 🗣 Zeige auf deine Kleidung. Was trägst du heute?
Sprich mit einem anderen Kind über die Kleidung.

A267 🔊
A268 🔊

Was trägst du heute?

Ich trage heute einen 🌸 👕.

Kleidung

1 ✏️ Verbinde und schreibe.

- die Socke
- die Hose
- das T-Shirt
- die Mütze
- der Pullover
- der Handschuh
- der Mantel
- das Kleid

die Hose _____

_____

_____

_____

_____

_____

_____

_____

Was trägst du gerne?

1 🖊 Verbinde und schreibe.

Unterhose (Bild)	🔴 die Jacke	_____
Schal (Bild)	🔵 der Stiefel	_____
Strumpfhose (Bild)	🟢 das Unterhemd	_____
Unterhemd (Bild)	🔴 die Unterhose	_____
Stiefel (Bild)	🔵 der Schal	_____
Jacke (Bild)	🔵 der Schuh	_____
Rock (Bild)	🔴 die Strumpfhose	_____
Schuh (Bild)	🔵 der Rock	_____

Kleidung

1 ✏ Verbinde.

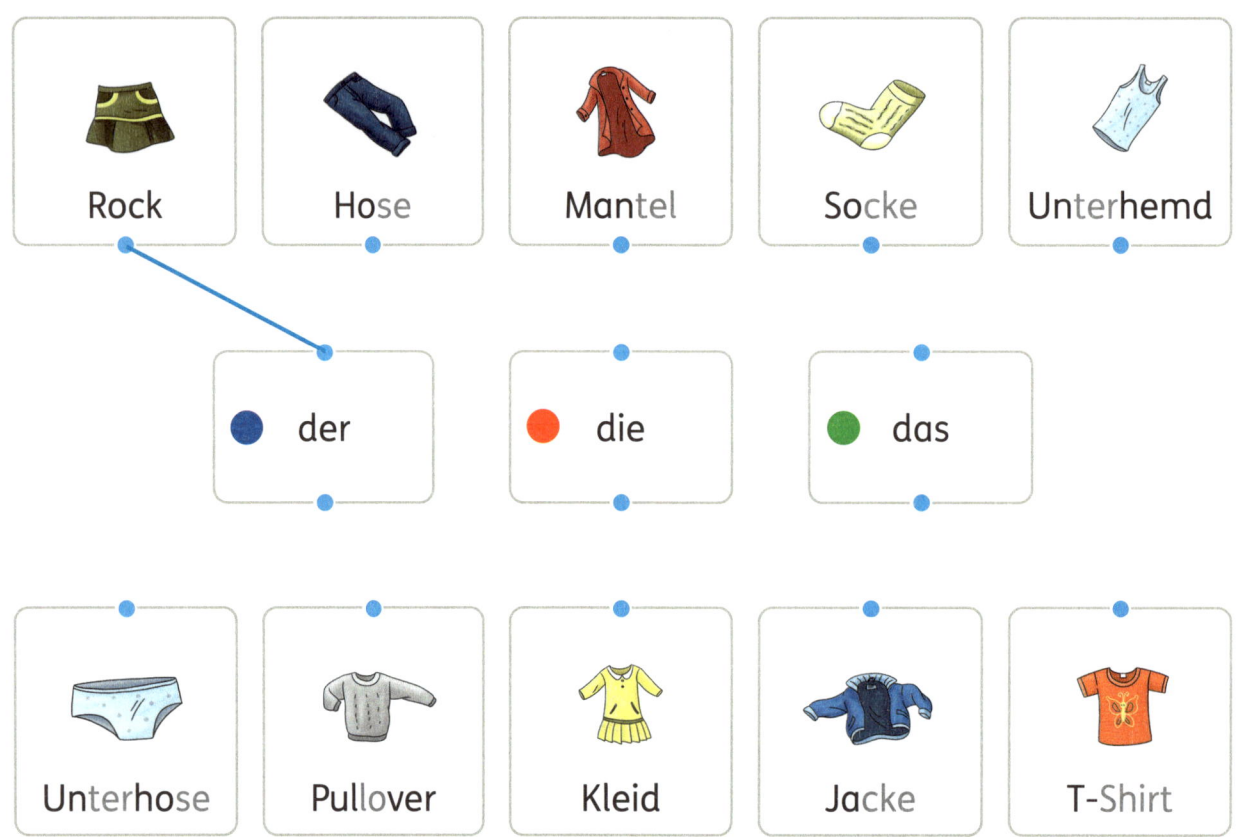

| Rock | Hose | Mantel | Socke | Unterhemd |

● **der**   ● **die**   ● **das**

| Unterhose | Pullover | Kleid | Jacke | T-Shirt |

2 ✏✏ Male den Artikelpunkt an. Schreibe und verbinde.

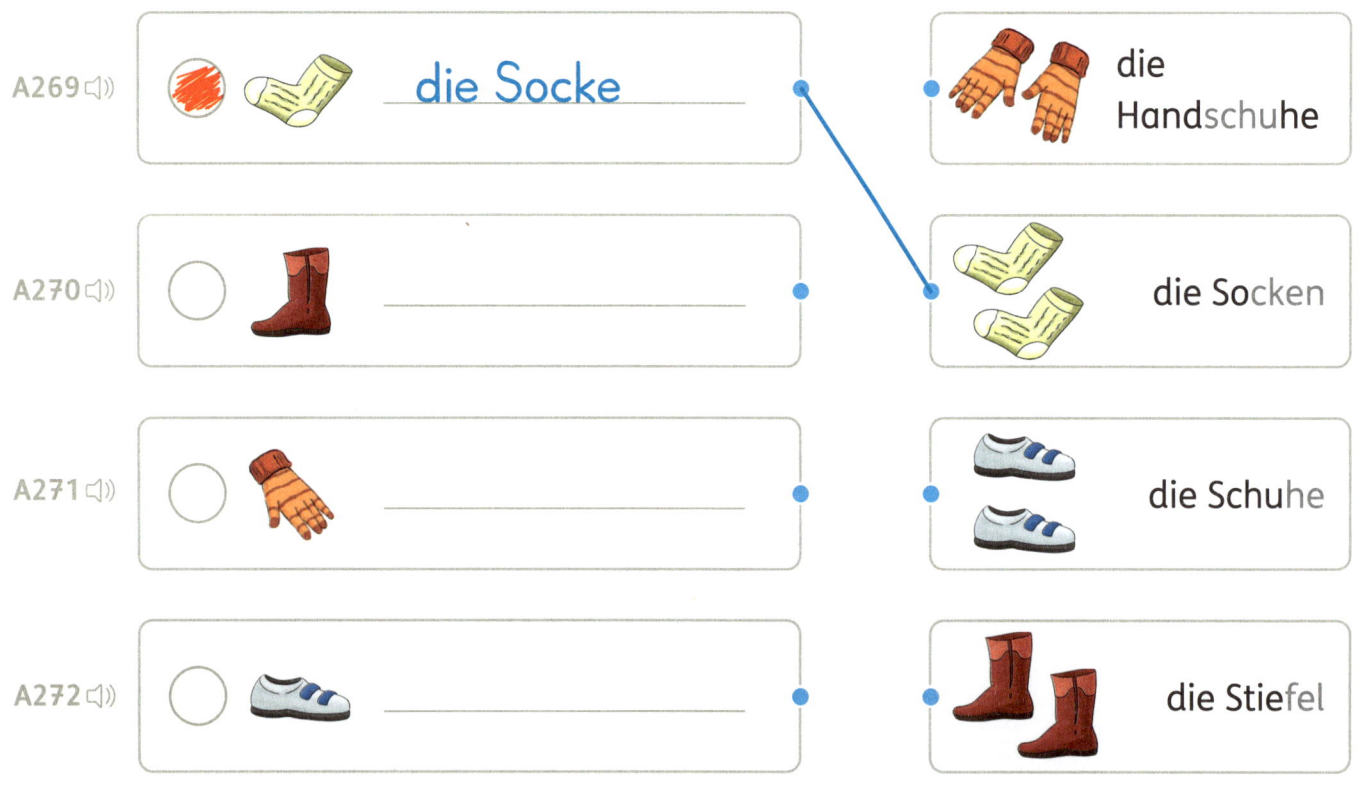

A269 ◁))   die Socke   die Handschuhe

A270 ◁))   die Socken

A271 ◁))   die Schuhe

A272 ◁))   die Stiefel

1 Lies und male an. Kreuze an.

Die Jacke ist grün. ☒

Die Hose ist blau. ☐

Der Pullover ist gelb. ☐

Die Mütze ist braun. ☐

Der Schal ist rot. ☐

Die Stiefel sind orange. ☐

2 Lies und male.

ein schwarzer Rock

eine grüne Mütze

ein rosa Schal

zwei bunte Socken

zwei lila Schuhe

zwei graue Stiefel

Alle sprechen mit

1 Frage ein anderes Kind. Male die Bilder aus.

A273

A274

Welche Farbe hat die ✏️?

Die Hose ist 🔵.

Mein Lieblings-T-Shirt ist rot.

Welche Farbe hat deine Lieblingskleidung?

1 ∞ ✏ ✏ Lies und markiere. Schreibe.

S	C	H	U	H	N	R	V	Z
W	H	F	T	T	P	A	R	M
S	R	M	Z	H	K	M	O	L
T	P	K	S	O	H	R	C	K
I	A	R	F	S	Ü	Q	K	B
E	W	I	E	E	K	T	T	Z
F	C	Y	A	I	W	U	M	O
E	X	S	K	L	E	I	D	F
L	P	E	V	O	M	R	E	R
G	W	M	A	N	T	E	L	A
L	W	C	U	N	R	A	K	Q

 _Rock_

 _____

 _____

 _____

 _____

 _____

2 ✏ ✏ Schreibe und male an.

Der _Mantel_ ist _blau_ .

Das _____ ist _____ .

Der _____ ist _____ .

Die _____ ist _____ .

Die _____ sind _____ .

Lebensmittel

A275 🔊

Was isst du gerne?

A276 🔊
A277 🔊

Ich esse gerne 🍉 und 🫙.

die Lebensmittel

○ **1** 👂 🗣 ✏️ Höre und sprich nach. Nummeriere.

A278 🔊
A279 🔊
A280 🔊
A281 🔊

1	2	3	4
🟢	🔵	🔴	🔴
das Wasser	der Apfel	die Banane	die Tomate

A282 🔊
A283 🔊
A284 🔊
A285 🔊

5	6	7	8
🔴	🔵	🔴	🔴
die Kartoffel	der Salat	die Gurke	die Karotte

A286 ◁))
A287 ◁))
A288 ◁))
A289 ◁))

9 die Melone

10 die Milch

11 die Butter

12 der Joghurt

A290 ◁))
A291 ◁))
A292 ◁))
A293 ◁))

13 der Käse

14 das Ei

15 die Wurst

16 das Brot

A294 ◁))
A295 ◁))
A296 ◁))
A297 ◁))

17 die Nudel

18 der Reis

19 die Schokolade

20 das Eis

2 👓 ✏️ Lies und male.

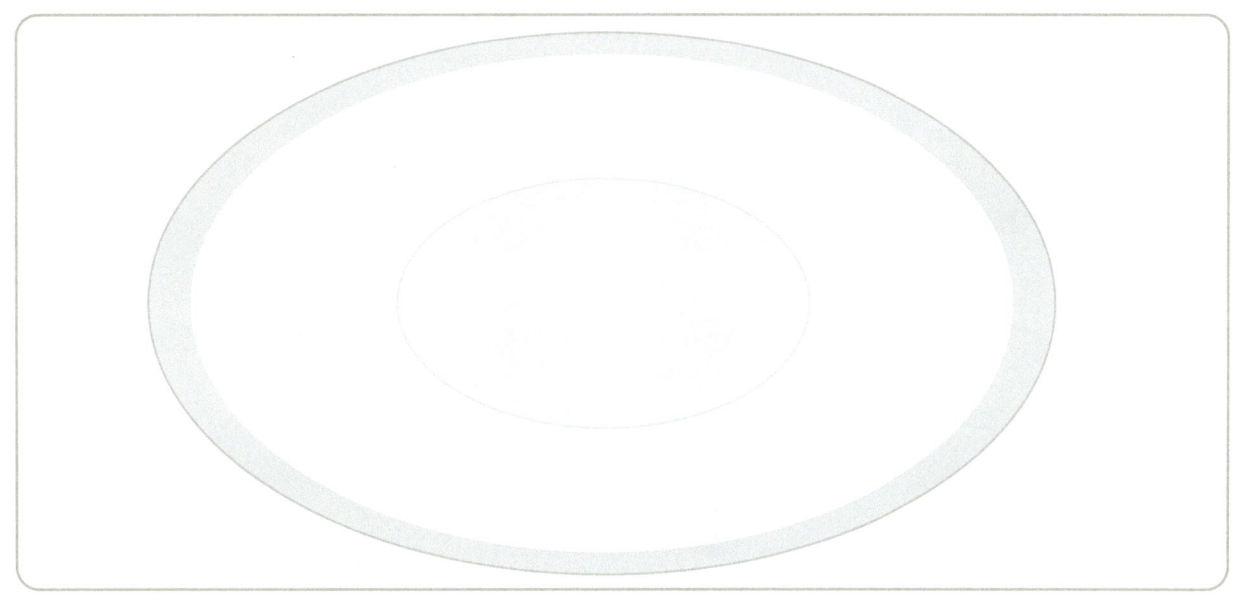

Mein Lieblingsessen

Lebensmittel

1 ✏️ ✏️ Verbinde und schreibe.

- die Banane
- das Wasser
- die Melone
- die Tomate
- die Gurke
- die Milch
- die Kartoffel
- der Salat
- der Apfel

das Wasser

1 Verbinde und schreibe.

🧀	🔴 die Schokolade	_____
🍒 Joghurt	🔴 die Butter	_____
BUTTER	🔵 der Joghurt	_____
🍦	🔵 der Käse	_____
🍫	🟢 das Ei	_____
🍝	🔴 die Wurst	_____
🌭	🟢 das Brot	_____
🥚	🔴 die Nudel	_____
🍞	🟢 das Eis	_____

Lebensmittel

1 Male den Artikelpunkt an. Schreibe und verbinde.

A298 🔊 ___das Ei___

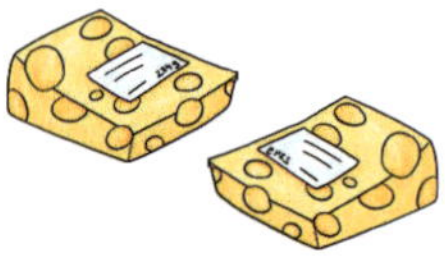

die Käse

A299 🔊

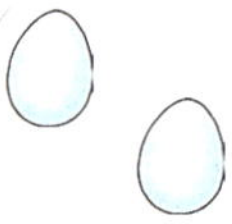

die Eier

A300 🔊

die Brote

A301 🔊

die Tomaten

A302 🔊

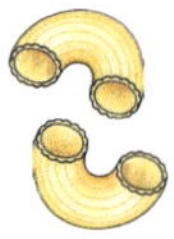

die Nudeln

A303 🔊

die Bananen

A304 🔊

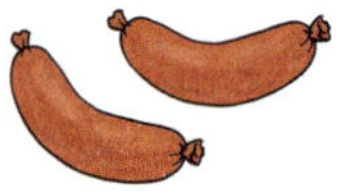

die Würste

A305 🔊

die Kartoffeln

A306 🔊

die Äpfel

76

1 👓 ✏️ Lies und kreuze an.

☐ das Ei ☒ das Eis ☐ die Karotte	☐ der Joghurt ☐ die Banane ☐ die Butter	☐ die Melone ☐ der Käse ☐ das Wasser
☐ der Apfel ☐ der Salat ☐ die Wurst	☐ die Wurst ☐ die Gurke ☐ die Nudel	☐ die Kartoffel ☐ die Melone ☐ die Milch

2 👓 ✏️ Lies und schreibe. Streiche durch.

die Schokolade	der Joghurt	~~die Melone~~
der Käse	das Brot	die Karotte

die Melone

_____

_____

_____

_____

_____

Alle sprechen mit

1 ✏️ Frage andere Kinder. Fülle die Tabelle aus.

A307 🔊
A308 🔊

Was isst du gerne?

Ich esse gerne  und .

Name	Lieblingsessen
Aniko	Melone, Joghurt

Ich esse gerne Eis.

Ich mag Birnen.

Ich esse gerne Äpfel.

 Was trinkst du gerne?

A309 🔊
A310 🔊
A311 🔊

kaufen

kosten

das Geld

1 👓 👂 👄 Lies. Höre und sprich nach.

A312–
A317 🔊

ein Cent

zwei Cent

fünf Cent

zehn Cent

zwanzig Cent

fünfzig Cent

A318–
A322 🔊

ein Euro

zwei Euro

fünf Euro

zehn Euro

zwanzig Euro

2 ✏ Schreibe.

ein Cent

_____   _____   _____

_____   _____   _____

_____   _____   _____

Alle sprechen mit

A323  **1** 🖊 Frage andere Kinder. Fülle die Tabelle aus.

A323 🔊
A324 🔊

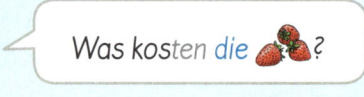

Was kosten die 🍓?

Die Erdbeeren kosten .

6 Tomaten 3 €

1 Gurke 1 €

5 Karotten 2 €

Erdbeeren 5 €

3 Äpfel 2 €

4 Bananen 2 €

Lebensmittel	Preis
Erdbeeren	fünf Euro

1 👓✏️ Lies und markiere. Schreibe.

N	R	Z	E	V	B	R	O	T
W	H	F	J	T	P	A	H	M
K	R	M	O	Z	K	M	W	L
W	P	K	G	S	H	R	U	K
A	A	R	H	F	K	Q	R	B
S	W	I	U	E	Ä	T	S	Z
S	C	Y	R	I	S	U	T	O
E	X	S	T	T	E	D	H	F
R	P	W	E	V	ß	M	R	R
G	B	U	T	T	E	R	E	L
L	W	C	U	N	R	A	K	Q

Wasser _____

_____

_____

_____

_____

_____

2 👓✏️✗ Lies und male an. Kreuze an.

☐ drei gelbe Tomaten

☐ zwei rote Äpfel

☐ vier grüne Bananen

☐ fünf lila Melonen

☐ zehn bunte Eier

☐ sechs rosa Kartoffeln

Verkehr

Wie kommst du zur Schule?

Ich komme mit dem 🛴 zur Schule.

der Verkehr

1 👂 👄 ✏️ Höre und sprich nach. Nummeriere.

1	2	3	4
🔴	🔴	🟢	🔵
die Straße	die Ampel	das Auto	der Lastwagen

5	6	7	8
🔴	🔵	🔴	🟢
die Straßenbahn	der Bus	die Haltestelle	das Motorrad

A336 🔊
A337 🔊
A338 🔊
A339 🔊

9 das Fahrrad

10 der Roller

11 zu Fuß gehen

12 der Zug

A340 🔊
A341 🔊
A342 🔊
A343 🔊

13 das Flugzeug

14 das Polizeiauto

15 der Krankenwagen

16 das Feuerwehrauto

2 👓 ✏️ Lies und male.

So komme ich zur Schule.

 Was siehst du auf deinem Schulweg?

Verkehr

1 🖊 🖊 Verbinde und schreibe.

 🟢 das Auto	
 🟢 das Fahrrad	**das Fahrrad**
 🔵 der Bus	
 🟢 das Motorrad	
 🔴 die Straßenbahn	
 🟢 das Polizeiauto	
 🟢 das Feuerwehr-auto	
 🔵 der Kranken-wagen	

Womit bist du schon gefahren?

1 ✏️ Verbinde und schreibe.

 ✈️	🔴 die Straße	_____
 🛣️	🔵 der Roller	_____
 🚏	🔴 die Ampel	_____
 🚦	🟢 das Flugzeug	_____
 🛴	🔵 der Zug	_____
 🚄	🔴 die Haltestelle	_____
 🚚	zu Fuß gehen	_____
 🚶	🔵 der Lastwagen	_____

Verkehr

1 🖊 Verbinde.

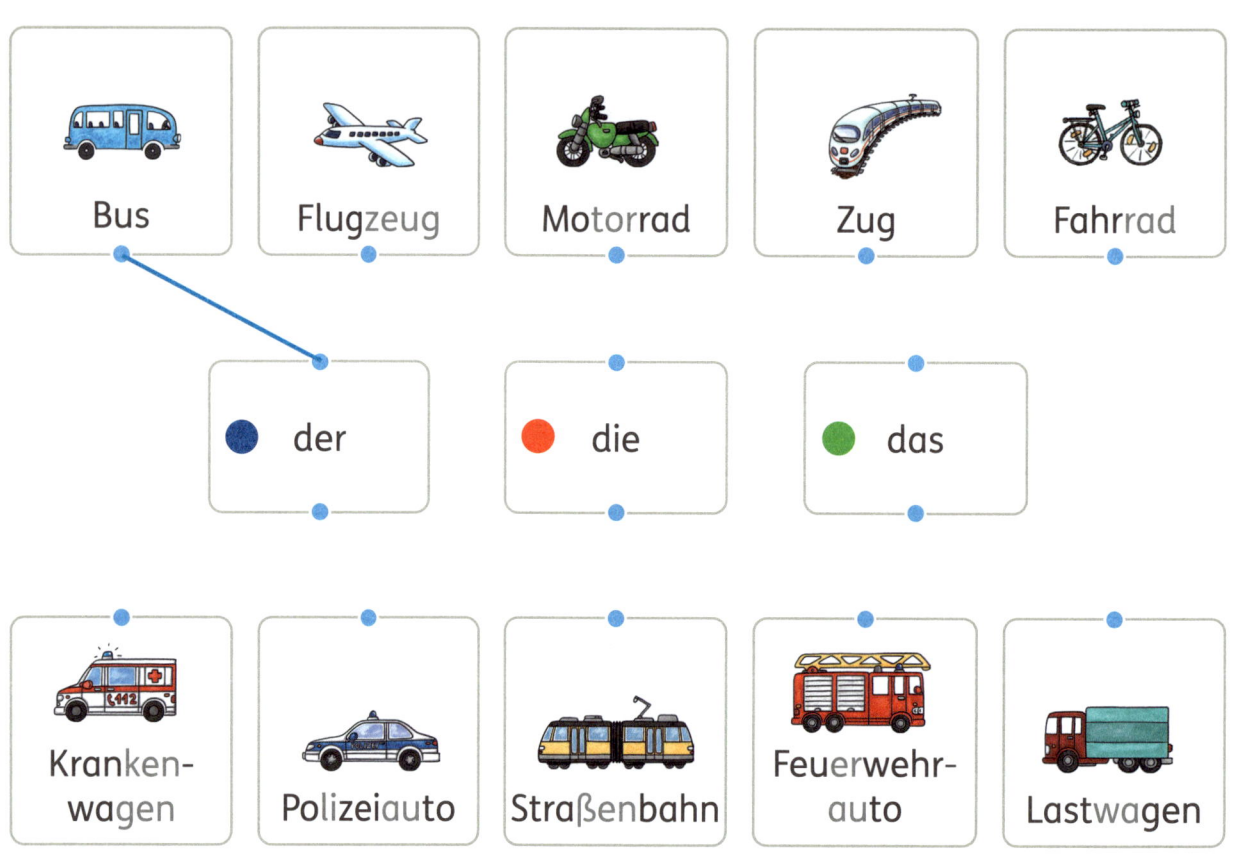

Bus	Flugzeug	Motorrad	Zug	Fahrrad

● der   ● die   ● das

Kranken-wagen	Polizeiauto	Straßenbahn	Feuerwehr-auto	Lastwagen

2 👓 🖊 Lies und kreuze an.

☐ das Auto
☒ die Ampel
☐ der Roller

☐ das Fahrrad
☐ der Lastwagen
☐ die Haltestelle

☐ das Motorrad
☐ die Haltestelle
☐ die Straße

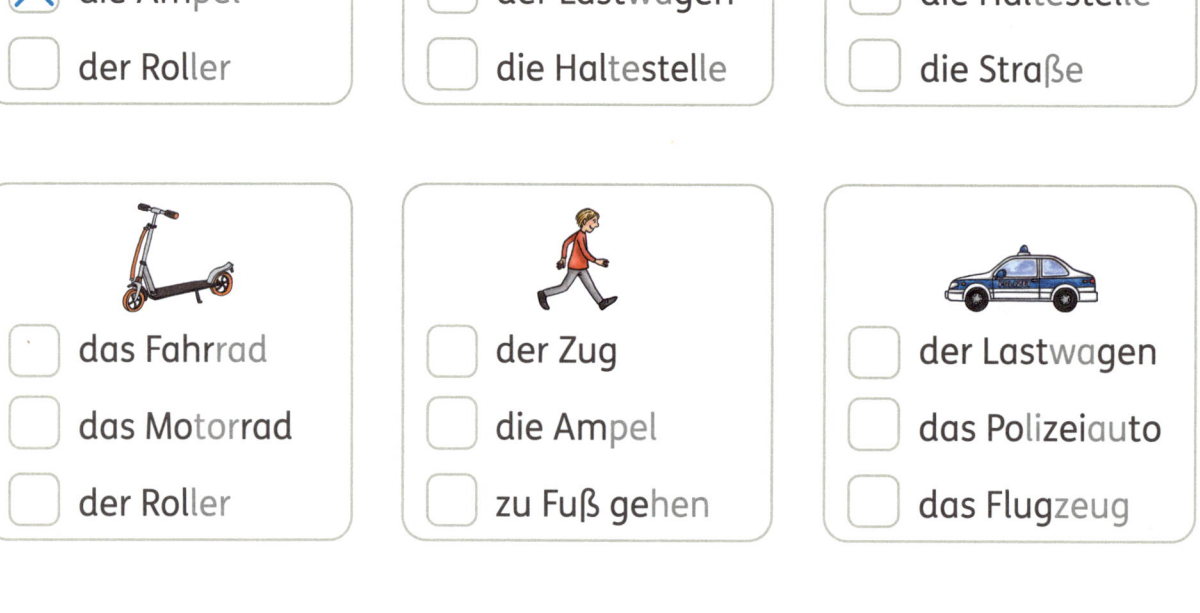

☐ das Fahrrad
☐ das Motorrad
☐ der Roller

☐ der Zug
☐ die Ampel
☐ zu Fuß gehen

☐ der Lastwagen
☐ das Polizeiauto
☐ das Flugzeug

1 👓 ✏️ Lies und male.

Der gelbe Bus ist
an der Haltestelle.

Das blaue Auto hat
zwei Fenster.

Das Motorrad ist
an der Ampel.

Der Lastwagen ist
auf der Straße.

Die Oma ist auf
dem Fahrrad.

Opa ist im grünen Zug.

Alle sprechen mit

👥 • **1** 👄 ✏️ Frage andere Kinder. Fülle die Tabelle aus.

A344 🔊
A345 🔊

Wie kommst du zur Schule?

Ich komme mit 🛴 zur Schule.

A346 🔊

Ich komme mit der 🚃 zur Schule.

Name	Fahrzeug
Emil	mit dem Roller
Pauline	mit der Straßenbahn

Wir kommen mit dem Fahrrad zur Schule.

1 👓 ✏️ Lies und markiere. Schreibe.

A	B	N	K	B	N	R	V	Z
W	S	F	T	U	P	Q	A	M
U	L	M	Z	S	K	Z	U	G
I	R	K	S	T	H	I	R	K
H	O	P	F	G	Ü	R	Q	B
N	L	I	E	A	U	T	O	Z
S	L	N	A	I	W	U	M	O
A	E	S	A	M	P	E	L	F
X	R	C	U	N	Q	E	P	R
G	W	E	V	ß	M	R	E	L
L	W	F	A	H	R	R	A	D

Bus
_____

_____

_____

_____

_____

_____

2 👓 ✏️ Lies und male.

Die Lehrerin kommt mit dem blauen Roller zur Schule.

Tiere

A347 📢  *Was ist dein Lieblingstier?*

A348 📢

A349 📢 *Mein Lieblingstier ist die* 🐝 *.*

die Tiere

○ **1** 🎧 👄 ✏️ Höre und sprich nach. Nummeriere.

①	②	③	④
A350 📢 🔵	🔴	🟢	🟢
A351 📢 			
A352 📢			
A353 📢 der Hund	die Katze	das Rind	das Schwein

⑤	⑥	⑦	⑧
A354 📢 🟢	🔵	🔵	🔴
A355 📢 			
A356 📢			
A357 📢 das Pferd	der Vogel	der Fuchs	die Maus

	9	10	11	12
A358	die Schlange	die Spinne	die Biene	der Fisch
A359				
A360				
A361				

2 Lies und male.

Mein Lieblingstier

3 Zeige auf ein Tier. Welches Tier ist das?
Sprich mit einem anderen Kind über die Tiere.

Was ist das?

Das ist *der Fuchs*.

A362

A363

Tiere

1 ✏️ Verbinde und schreibe.

 🔵 der Fisch	
 🟢 das Pferd	**das Pferd**
 🔴 die Maus	
 🔴 die Katze	
 🔵 der Hund	
 🔴 die Schlange	
 🔴 die Biene	
 🔵 der Fuchs	

Welche Tiere hast du schon mal gesehen?

1 ✏️ Verbinde und schreibe.

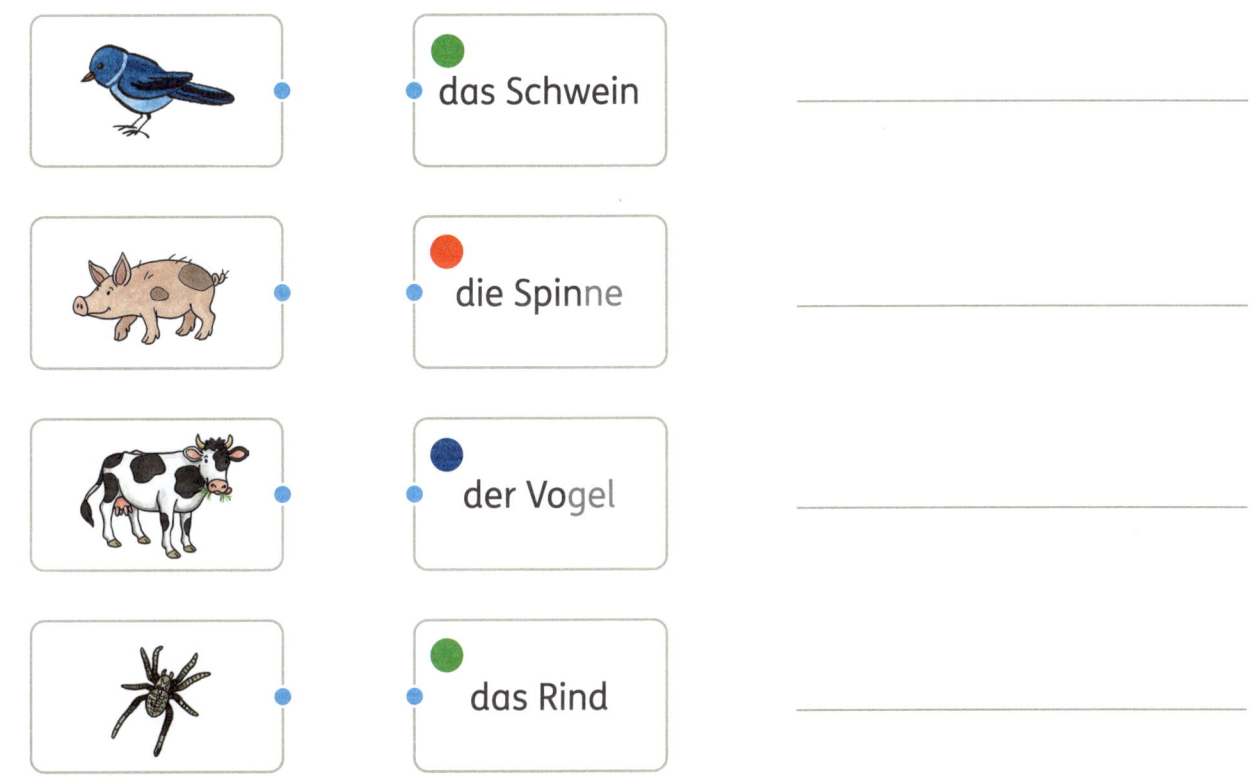

🔵 das Schwein	_____
🔴 die Spinne	_____
🔵 der Vogel	_____
🟢 das Rind	_____

2 ✏️ Verbinde.

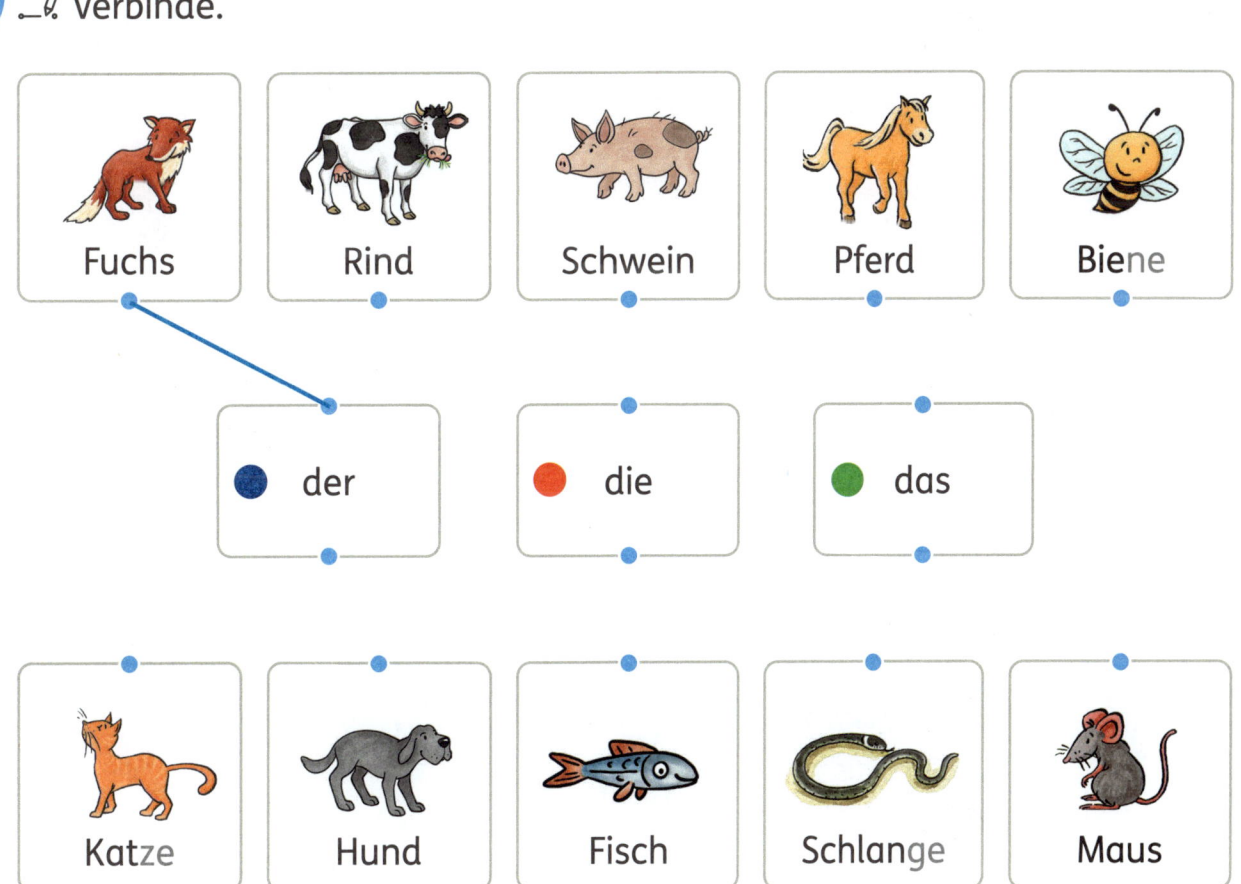

Fuchs   Rind   Schwein   Pferd   Biene

🔵 der   🔴 die   🟢 das

Katze   Hund   Fisch   Schlange   Maus

Tiere

1 Male den Artikelpunkt an. Schreibe und verbinde.

A364 🔊 ● 🕷 die Spinne

A365 🔊 ○ 🐦 _____

A366 🔊 ○ 🐴 _____

A367 🔊 ○ 🐱 _____

A368 🔊 ○ 🦊 _____

A369 🔊 ○ 🐖 _____

A370 🔊 ○ 🐕 _____

A371 🔊 ○ 🐄 _____

A372 🔊 ○ 🐟 _____

die Katzen

die Spinnen

die Schweine

die Hunde

die Vögel

die Füchse

die Fische

die Pferde

die Rinder

1 Lies und kreuze an.

☐ der Hund	☐ das Schwein	☐ der Hund
☐ die Katze	☐ das Rind	☐ der Fisch
☒ die Maus	☐ der Fuchs	☐ der Fuchs

☐ die Schlange	☐ die Katze	☐ das Pferd
☐ die Spinne	☐ die Schlange	☐ der Fisch
☐ die Biene	☐ die Spinne	☐ die Maus

2 Lies und schreibe. Streiche durch.

der Hund	der Fuchs	~~das Pferd~~
das Schwein	die Biene	die Spinne

das Pferd

_____

_____

1 👓 ✏ Lies und schreibe.

Mama mag <u>Hunde</u> . Sie mag keine <u>Katzen</u> .

<u>Opa</u> mag _____.

Er mag keine _____.

Ich mag Katzen.

Die _____ mag _____.

Sie mag keine _____.

Der _____ mag _____.

Er mag keine _____.

Welche Tiere magst du?

1 ⌐⌐ ✏ ✖ Lies und male an. Kreuze an.

A373 –
A384 🔊

Der Fisch ist blau.	✖	
Das Rind ist bunt.	☐	
Der Vogel ist rosa.	☐	
Das Pferd ist grau.	☐	
Die Schlange ist lila.	☐	
Die Biene ist orange.	☐	

Die Maus ist rot.	☐
Das Schwein ist gelb.	☐
Der Hund ist grün.	☐
Die Katze ist gelb.	☐
Die Spinne ist schwarz.	☐
Der Fuchs ist braun.	☐

Alle sprechen mit

  1 ✏️ Frage andere Kinder. Fülle die Tabelle aus.

A385 🔊
A386 🔊

Was ist dein Lieblingstier?

Mein Lieblingstier ist *die* 🐝 .

Name	Lieblingstier
Thuan	Biene

Mein Lieblingstier ist der Hund.

Ich mag keine Spinnen.

1 Lies und markiere. Schreibe.

T	P	R	N	T	N	R	V	B
W	H	P	F	E	R	D	A	I
K	R	M	Z	L	K	M	Z	E
A	P	K	S	H	H	R	M	N
T	A	R	F	U	Ü	Q	A	E
Z	W	O	E	N	K	T	T	Z
E	C	Y	A	D	W	U	M	O
T	X	S	A	N	K	I	N	F
R	I	N	D	ß	M	A	U	S
G	W	E	N	M	R	E	R	A
L	W	C	U	N	R	A	K	Q

 Katze

 _____

 _____

 _____

 _____

 _____

_____

2 Schreibe.

Das Schwein ist rosa. _____

_____ _____

A387 🔊   *Welche Jahreszeit magst du?*   *Ich mag den*  .

A388 🔊

A389 🔊

das Jahr

● **1** 👓 👆 💬 Lies und zeige. Sprich mit einem anderen Kind.

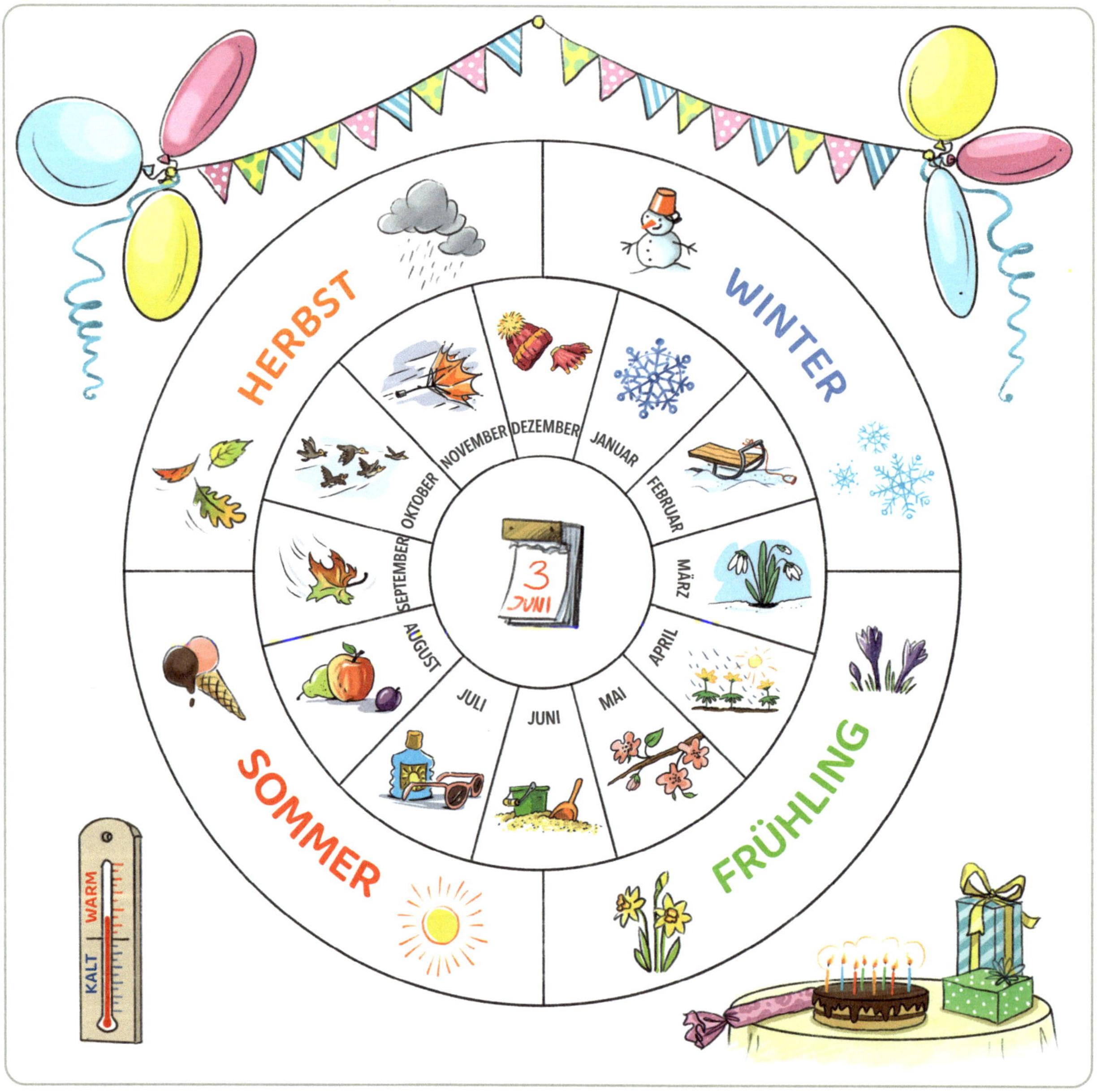

HERBST   WINTER   SOMMER   FRÜHLING

SEPTEMBER OKTOBER NOVEMBER DEZEMBER JANUAR FEBRUAR MÄRZ APRIL MAI JUNI JULI AUGUST

3 JUNI

A390 🔊    der Frühling

A391 🔊    der Sommer

A392 🔊    der Herbst

A393 🔊    der Winter

A394 🔊

Wann hast du Geburtstag?

A395 🔊

A396 🔊

Ich habe im 🔆 Geburtstag.

der Monat

---

2 🗣️ 👄 ✏️ Höre und sprich nach. Schreibe.

A397 🔊

A398 🔊

A399 🔊

der Januar

der Februar

der März

der Januar

A400 🔊

A401 🔊

A402 🔊

der April

der Mai

der Juni

A403 🔊

A404 🔊

A405 🔊

der Juli

der August

der September

A406 🔊

A407 🔊

A408 🔊

der Oktober

der November

der Dezember

Das Jahr

A409 ◁))
A410 ◁))
A411 ◁))

Wie ist das ☀️☁️ heute?

Es ist ☀️.

das Wetter

1 👓 🗣️ 👄 Lies. Höre und sprich nach.

A412 ◁))
A413 ◁))
A414 ◁))
A415 ◁))

die Sonne	die Wolke	der Regen	der Schnee
Es ist sonnig.	Es ist bewölkt.	Es regnet.	Es schneit.

A416 ◁))
A417 ◁))
A418 ◁))

der Wind	der Nebel	das Gewitter
Es ist windig.	Es ist neblig.	Es blitzt. Es donnert.

2 ✏️ Verbinde und schreibe.

der Nebel

der Schnee

die Wolke

_____

der Schnee

_____

1 Verbinde und schreibe.

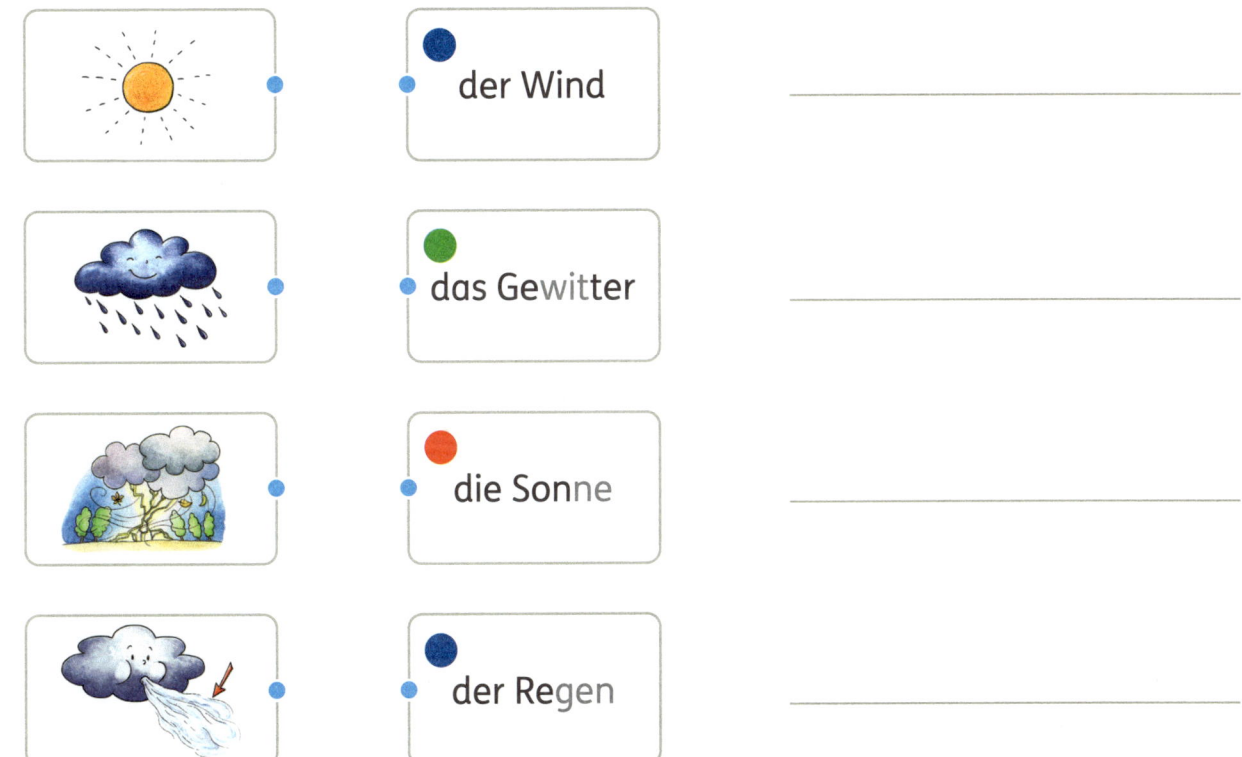

der Wind

das Gewitter

die Sonne

der Regen

_____

_____

_____

_____

2 Verbinde.

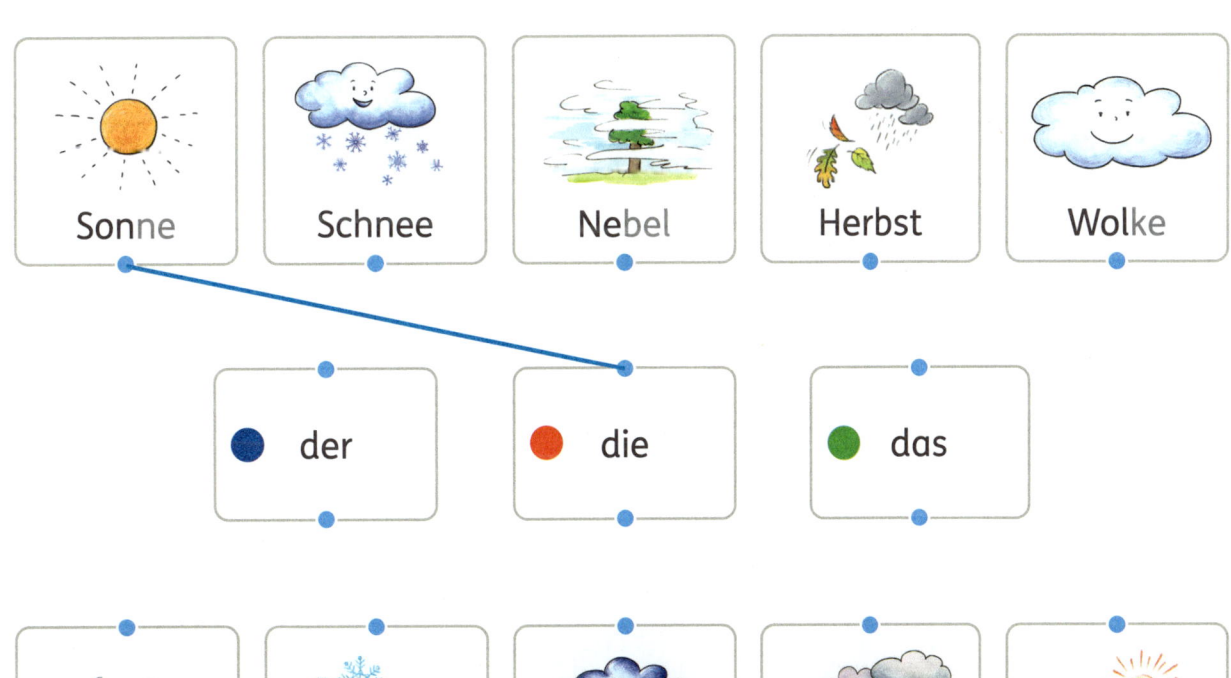

Sonne   Schnee   Nebel   Herbst   Wolke

der   die   das

Frühling   Winter   Regen   Gewitter   Sommer

1 ✏ Lies und kreuze an.

☐ der Regen	☐ der Nebel	☐ die Wolke
☐ die Sonne	☐ die Wolke	☐ die Sonne
☒ der Schnee	☐ das Gewitter	☐ der Regen

☐ das Gewitter	☐ der Nebel	☐ der Schnee
☐ der Regen	☐ das Gewitter	☐ der Regen
☐ die Wolke	☐ die Sonne	☐ der Nebel

2 ✏ Lies und male.

Wie war das Wetter gestern?

Es ist sonnig.

Es donnert und blitzt.

Es regnet.

Es schneit.

  Wie ist das Wetter heute? Sprich mit einem anderen Kind über das Wetter.

A419 🔊
A420 🔊

Wie ist das heute?

Es

2 Lies und schreibe. Streiche durch.

der Frühling der Winter der Sommer der Herbst

der Frühling

_____

_____

_____

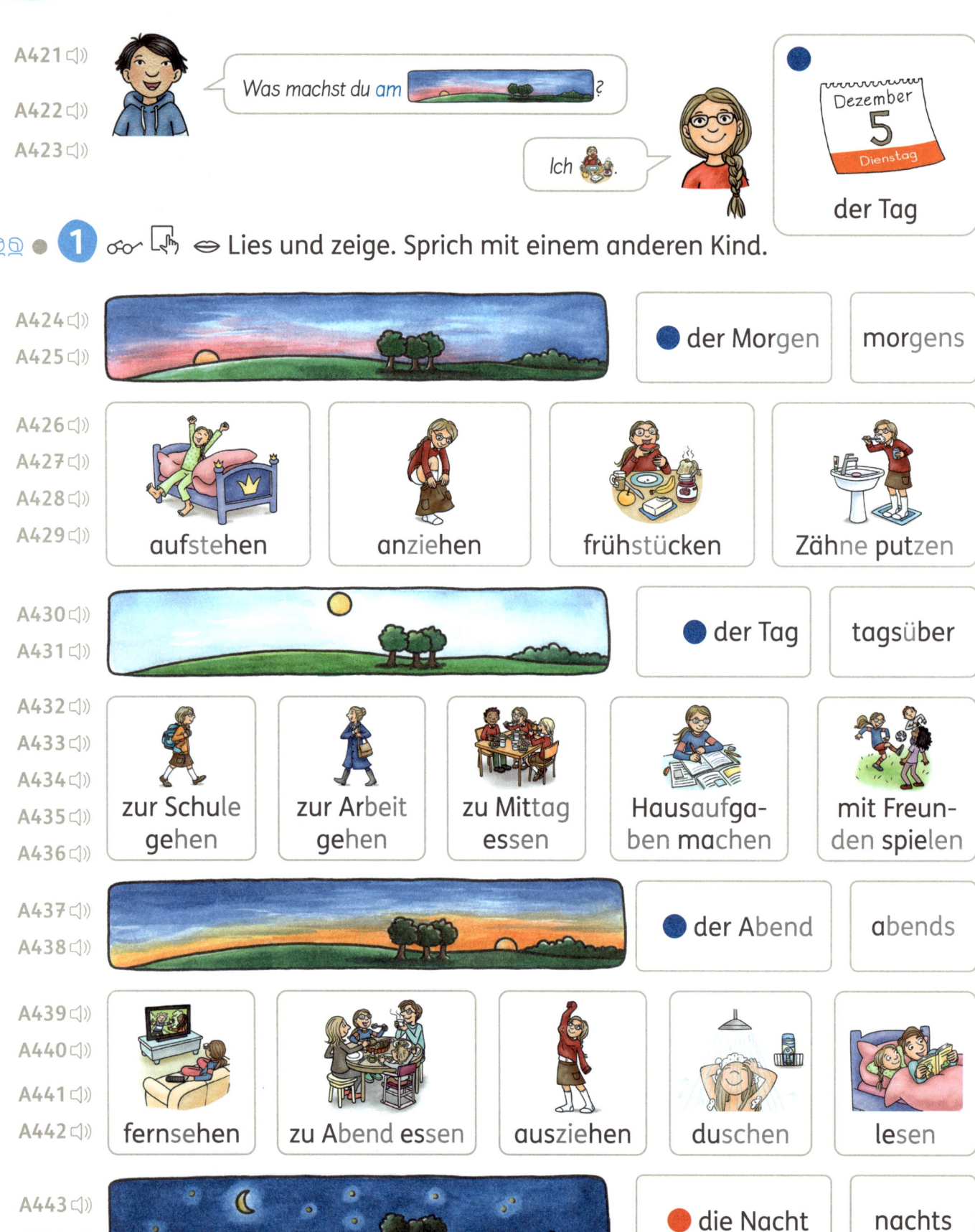

Das Jahr

A421
A422
A423

Was machst du am _____?

Ich _____.

Dezember
5
Dienstag

der Tag

1 Lies und zeige. Sprich mit einem anderen Kind.

A424
A425

● der Morgen | morgens

A426
A427
A428
A429

aufstehen | anziehen | frühstücken | Zähne putzen

A430
A431

● der Tag | tagsüber

A432
A433
A434
A435
A436

zur Schule gehen | zur Arbeit gehen | zu Mittag essen | Hausaufgaben machen | mit Freunden spielen

A437
A438

● der Abend | abends

A439
A440
A441
A442

fernsehen | zu Abend essen | ausziehen | duschen | lesen

A443
A444

● die Nacht | nachts

A445
A446

schlafen | träumen

Wovon träumst du?

2 ✎ Schreibe.

__der Morgen__ _____

_____

_____

_____

3 ✎ Verbinde und schreibe.

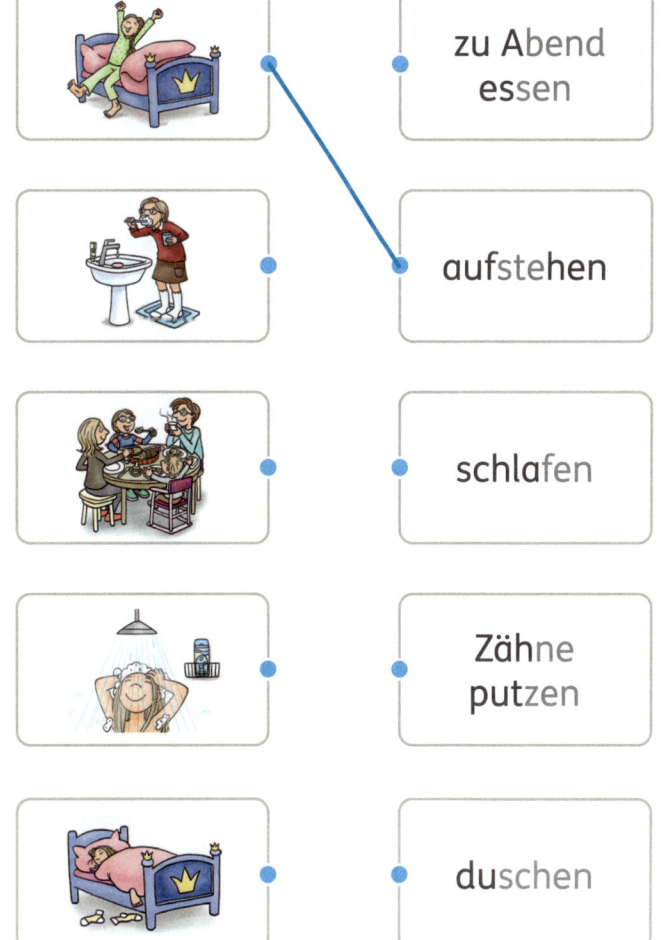

	zu Abend essen	_____
	aufstehen	__aufstehen__
	schlafen	_____
	Zähne putzen	_____
	duschen	_____

Das Jahr

1 ✏ Verbinde und schreibe.

   zur Schule gehen

   mit Freunden spielen

   frühstücken

   anziehen

   träumen

   zu Mittag essen

   zur Arbeit gehen

   Hausaufgaben machen

   ausziehen

1 ✏️ Lies und schreibe. Streiche durch.

duschen	~~frühstücken~~	lesen

frühstücken _____ _____ _____

die Woche

A447 🔊

2 👓🎧👄✏️ Lies. Höre und sprich nach. Schreibe.

A448 🔊
–
A454 🔊

Montag, _____

_____

3 👄 Welcher Tag ist heute? Sprich mit einem anderen Kind über die Wochentage.

A455 🔊
A456 🔊

Welcher Tag ist heute?

Heute ist Dienstag.

Welcher Tag ist morgen/war gestern?

Alle sprechen mit

1 👄 ✏ Frage andere Kinder. Fülle die Tabelle aus.

A457 ◁))
A458 ◁))

 *Was machst du am*  *?*

Ich 🍽 *.*

Tageszeit: _____

Name	Tätigkeit
Anna	frühstücke

Ich lese abends.

1 👓 ✏️ Lies und markiere. Schreibe.

M	R	F	R	E	I	T	A	G
O	D	A	F	C	P	A	H	R
N	O	E	D	I	S	L	M	M
T	N	Z	I	L	A	S	R	I
A	N	B	E	A	M	O	Q	T
G	E	E	N	O	S	N	T	T
E	R	H	S	E	T	N	U	W
H	S	A	T	R	A	T	H	O
E	T	N	T	V	G	A	R	C
N	A	Y	A	C	F	G	P	H
D	G	S	G	H	E	N	K	N

Montag

_____

_____

_____

_____

_____

_____

2 👓 ✏️ ✏️ Lies und male. Male an.

Es regnet.
Amirs Jacke ist grün.
Amirs Hose ist braun.

Es ist sonnig.
Zolas T-Shirt ist blau.
Zolas Rock ist grün.

Es schneit.
Irinas Mütze ist rot.
Simons Mütze ist gelb.

Mein Wortschatz

1 Frage deine Lehrerin/deinen Lehrer nach den Bild-Wort-Karten.
D1 Sammle deine Lieblingswörter.

Klebe hier einen Briefumschlag ein.
Sammle deine Wörter.